BASİT DIŞ MEKAN ZİYAFETLERİNİN BÜYÜSÜ

100 Kolay Yemek Tarifi ve Açık Havada Yemeğin Güzelliği ile Unutulmaz Anlar Yaratın

Sevim Keskin

Telif Hakkı Malzemesi ©2024

Her hakkı saklıdır

Bu kitabın hiçbir bölümü, incelemede kullanılan kısa alıntılar dışında, yayıncının ve telif hakkı sahibinin uygun yazılı izni olmadan, hiçbir şekilde veya yöntemle kullanılamaz veya aktarılamaz . Bu kitap tıbbi, hukuki veya diğer profesyonel tavsiyelerin yerine geçmemelidir .

İÇİNDEKİLER

İÇİNDEKİLER 3
GİRİİŞ 6
KAHVALTI 7
   1. YULAF EZMESİ VE KURU ÜZÜM ÇÖREKLER 8
   2. LİMON SIRLI YABAN MERSİNLİ TAVADA ÇÖREKLER 10
   3. SHIITAKE VE ISPANAKLI LEZZETLİ YULAF EZMESİ 12
   4. TAZE SOĞAN, MANTAR VE KEÇİ PEYNIRLI LEZZETLİ KREP 14
   5. AKÇAAĞAÇ, MASCARPONE VE ÇİLEK İLE AYRAN KREP 16
   6. IZGARA FRANSIZ TOSTU VE PASTIRMA LOKMALARI 18
   7. TATLI PATATES, ELMA VE PANCETTA HASH 20
   8. AÇIK ÇAY 22
BAŞLANGIÇLAR VE ATIŞTIRMALIKLAR 24
   9. TAVUK SATAY ŞİŞLERİ 25
   10. VEGAN SOSİS RULOLARI 27
   11. CHUCKWAGON KEBAPLARI 30
   12. SOMON, FASULYE VE BEZELYE BALIK KÖFTESİ LOKMALARI 32
   13. SWEET CHILI-SOYA SIRLI IZGARA MISIR 34
   14. MISIR KOÇANI 36
   15. MİNİ KAYDIRICILAR 38
   16. MINI PIZZALAR 40
   17. NACHOS 42
   18. PATLAMIŞ MISIR BARI 44
   19. HİNDİSTAN CEVİZLİ KARİDES 46
   20. MANGOLU AVOKADO SALATASI 48
   21. IZGARA TROPİKAL TAVUK ŞİŞ 50
   22. IZGARA ANANAS VE KARİDES ŞİŞLERİ 52
   23. CAPRESE ŞİŞLERİ 54
   24. BARBEKÜ TAVUK KAYDIRICILARI 56
   25. KIZILCIK VE BRIE İLE MİNYATÜR TARTLETS 58
   26. LEZZETLİ KOKTEYL SOSLU KARİDES KOKTEYLİ 60
SANDVİÇLER VE SARMALAR 62
   27. TAÇ GİYME TAVUKLU SANDVİÇLER 63
   28. HARDALLI VE GIARDINIERALI İTALYAN BURGERLERİ 65
   29. DUMANLI SALSA VERDE İLE KIMYON KABUKLU TAVUK TACOS . 68
   30. SEDİR KAPLAMALI SICAK JAMBON VE BRIE ERITIYOR 71
   31. HUMUS VE PANCAR SALSA SARMALARI 73
IZGARA ŞEBEKE 75
   32. MARİNARA SOSLU PLANK KÖFTE 76
   33. IZGARA KARİDES 79
   34. PORTAKAL-MISO SIRLI PLANKLI HALIBUT 81
   35. BARBEKÜ KABURGA 83

36. TAHTA ÜZERİNDE PASTIRMAYLA SARILMIŞ KÖFTE 85
37. ŞEFTALİ VE PROSCİUTTO PLANKLI PİZZA 89
38. LİMONLU BİTKİ TEREYAĞLI IZGARA İSTAKOZ KUYRUKLARI 92
39. IZGARADA YÜKLÜ NACHOS 95

DİĞER ŞEBEKELER 97
40. SARIMSAKLI SOMON 98
41. FÜME SOSİS, ÇITIR FASULYE VE PATATES 100
42. OTLU TAHTA SOSLU KIZARTILMIŞ KABURGA BİFTEK 102
43. KIZILCIK SOSLU OTLARLA KAVRULMUŞ HINDI 105
44. ANANAS KOMPOSTOLU BAL SIRLI JAMBON 107

BAHÇE TAZE SALATALAR 109
45. IZGARA PANZANELLA 110
46. KAVRULMUŞ NOHUT VE NARLI PİRİNÇ SALATASI 113
47. AKDENİZ KİNOA SALATASI 115
48. ŞEFTALİ VE BURRATA SALATASI 117
49. KARPUZ, BEYAZ PEYNİR VE NANE SALATASI 119

AL FRESCO TARAFLARI 121
50. MARUL SARMALARINDA ÇİN USULÜ TOFU 122
51. JALAPENO TURŞUSU 124
52. TATLI PATATES SRIRACHA - AKÇAAĞAÇ SIR 126
53. SARIMSAK TEREYAĞI GNOCCHİ VE MANTARLAR 128
54. SEDİR PLANKLI DOMATES DOLMASI 130

TATLI İKRAMLAR 133
55. TARÇINLI KREMA FRAÎCHE İLE IZGARA ARMUT 134
56. DONDURULMUŞ YOĞURT BERRY POPSICLES 136
57. TATLI KARAMELİZE İNCİR VE ŞEFTALİ 138
58. GORGONZOLA VE BALLI PLANK ARMUT 140
59. KURABİYE 142
60. DONDURMA SUNDAES 145
61. ANANAS BAŞ AŞAĞI KEK 147
62. HİNDİSTAN CEVİZLİ MAKARON 149
63. ÇİKOLATALI ŞİFON KEK 151
64. GELENEKSEL BALKABAĞI TURTASI 154
65. ZENCEFİLLİ KURABİYE 156
66. DOĞUMGÜNÜ PASTASI 159

ŞARKÜTERİ TARİFLERİ 162
67. KLASİK ŞARKÜTERİ TAHTASI 163
68. AKDENİZ MEZZE TABAĞI 165
69. İTALYAN MEZE TABAĞI 167
70. ASYA ESİNTİLİ ŞARKÜTERİ TABAĞI 169
71. FRANSIZ ESİNTİLİ ŞARKÜTERİ 171

SOSLAR, DALIŞLAR VE SOSUNLAR 173
72. ACI BİBER JÖLESİ 174

73. Ev Yapımı Fesleğen-Ceviz Pesto 176
74. Klasik Humus 178
75. Avokado Kişniş Limon Sosu 180
76. Cacık Sosu 182
77. Közlenmiş Kırmızı Biber ve Ceviz Sosu 184
78. s'Mores Dıp 186

İÇECEKLER VE SOĞUTUCULAR 188
79. Viski Çivili Tatlı Çay 189
80. Mimoza Sangria 191
81. Açık Havada Margarita 193
82. Paloma 195
83. Doğum Günü Sarsıntısı 197
84. Ballı Bourbon Limonata 199
85. Kış Şeker Kamışı Martini 201
86. Narenciye ve Akçaağaç Sıcak Şarap 203
87. Yakut Kırmızı Greyfurt Shandy 205
88. Zencefil ve Şeftali ile Yaz Ale Sangria 207
89. Vanilya ve Bourbon Sıcak Elma Şarabı 209
90. Margarita 211
91. Mojito 213
92. Kozmopolitan 215
93. Negroni 217
94. Moskova Katırı 219
95. Fransızca 75 221
96. Espresso Martini 223
97. Mavi Martini 225
98. Meyveli smoothies 227
99. Bakire Piña Colada 229
100. Meyve Demlenmiş Su 231

ÇÖZÜM 233

GİRİİŞ

Açık havada unutulmaz anlar yaratmak için tasarlanmış 100 kolay tarifle açık havada yemek yemenin keyfini kutladığımız "Kolay Açık Hava: Basit Açık Hava Ziyafetlerinin Büyüsü"ne hoş geldiniz. İster parkta piknik yapın , ister arka bahçenizde barbekü yapın, ister verandada gün batımında akşam yemeğinin tadını çıkarın, bu yemek kitabı, açık havada yemek yemenin güzelliğini lezzetli ve ulaşılabilir tariflerle kucaklama rehberinizdir.

Bu yemek kitabında taze, mevsimlik malzemelerin canlı lezzetlerinden ilham alan tariflerden oluşan bir koleksiyon keşfedeceksiniz . ve açık hava toplantılarının rahat atmosferi. Bahçede yetişen taze ürünlerle dolu basit salatalardan ağız sulandıran ızgara ana yemeklere ve serinletici içeceklere kadar her tarif, açık havada yemek deneyiminizi geliştirmek ve her lokmaya keyif katmak için hazırlandı .

"BASİT DIŞ MEKAN ZİYAFETLERİNİN BÜYÜSÜ"yu diğerlerinden ayıran şey, sadelik ve erişilebilirliğe verdiği önemdir. İster deneyimli bir ızgara ustası olun ister acemi bir aşçı olun, bu tarifler takip edilmesi kolay ve damak zevkinize ve beslenme ihtiyaçlarınıza göre uyarlanabilecek şekilde tasarlanmıştır. Minimum hazırlık ve telaşla, mutfakta daha az zaman geçirebilir ve doğanın güzelliğinin ortasında sevdiklerinizle birlikte olmanın tadını çıkararak daha fazla zaman geçirebilirsiniz.

Bu yemek kitabı boyunca, zahmetsiz açık hava ziyafetlerini planlamak ve yürütmek için pratik ipuçlarının yanı sıra, mutfak maceralarınıza ilham verecek çarpıcı fotoğraflar bulacaksınız . İster arkadaşlarınızla sıradan bir toplantıya ev sahipliği yapıyor olun, ister özel bir günü kutluyor olun, ister doğada sakin bir yemeğin tadını çıkarıyor olun, "BASİT DIŞ MEKAN ZİYAFETLERİNİN BÜYÜSÜ" güneşin veya yıldızların altında unutulmaz anlar yaratmak için ihtiyacınız olan her şeye sahiptir .

KAHVALTI

1.Yulaf Ezmesi ve Kuru Üzüm Çörekler

İÇİNDEKİLER:
- 4 yemek kaşığı yağsız süt
- ½ çay kaşığı limon suyu
- 150g kepekli kendi kendine kabaran un, elenmiş
- 20 gr altın pudra şekeri
- 1 çay kaşığı kabartma tozu
- ½ çay kaşığı öğütülmüş tarçın
- 40g yağı azaltılmış yayılım
- 25 gr yulaf ezmesi
- 50 gr kuru üzüm veya kuru üzüm
- 1 orta boy yumurta, hafifçe çırpılmış

TALİMATLAR:
a) Fırını önceden 220°C/Fanlı 200°C'ye ısıtın.
b) Sütü mikrodalgada veya ocakta hafifçe ısıtın ve bir miktar limon suyu ekleyin. İhtiyaç duyulana kadar bir kenara koyun.
c) Unu, şekeri, kabartma tozunu ve tarçını bir kapta birleştirin.
ç) Yağı azaltılmış kremayı küçük parçalara bölün ve kuru malzemelere ekleyin. Karışım ince kırıntılar gibi görünene kadar karışımı parmak uçlarınızla ovalayın.
d) Aynı kaseye yulafı, kuru üzümleri, ısıtılmış sütü ve yumurtanın çoğunu ekleyin; üzerini kaplamak için az bir miktar bırakın. Bir hamur oluşturmak için iyice karıştırın.
e) 1 cm kalınlığında açın . 6 cm çapında bir kesici kullanarak 8 çörek kesin .
f) Çörekleri fırın tepsisine eşit aralıklarla yerleştirin ve kalan yumurtayı hafifçe fırçalayın.
g) Altın ve gevrek olana kadar 10-12 dakika pişirin.

2.Limon Sırlı Yaban Mersinli Tavada Çörekler

İÇİNDEKİLER:
ÇÖPLER İÇİN
- 2 su bardağı (240 gr) Çok Amaçlı Pişirme Karışımı
- ¾ su bardağı (180 ml) ayran
- ¼ bardak (56 g) tereyağı, eritilmiş ve soğutulmuş, ayrıca yağlamak için biraz daha
- 3 yemek kaşığı toz şeker
- 1 büyük yumurta
- 1 büyük limonun kabuğu rendesi
- 1 su bardağı (170 gr) yaban mersini

GLAZÜR İÇİN
- ½ su bardağı (57 gr) pudra şekeri
- 1 yemek kaşığı limon suyu

TALİMATLAR:
ÇÖFTLERİN YAPILMASI İÇİN:

a) Büyük bir kapta, pişirme karışımını, ayranı, tereyağını, toz şekeri, yumurtayı ve limon kabuğu rendesini büyük, sağlam bir kaşıkla yumuşak, yapışkan ve tüylü bir hamur oluşana kadar karıştırın. Yaban mersini yavaşça katlayın.

b) Büyük bir tavayı tereyağıyla yağlayın ve orta-düşük ateşte ısıtın. Büyük bir kaşık kullanarak, ¼ bardak dolusu hamuru (golf topundan biraz daha büyük) tavaya bırakın. Bunları, her bisküvinin kenarları zar zor dokunacak şekilde düzenleyin. 14 çörek almalısınız.

c) Kapağını kapatın ve çöreklerin alt kısmı altın rengi kahverengi olana kadar 4 ila 5 dakika pişirin. Her bisküviyi bir kaşıkla ters çevirin ve her iki tarafı da hafifçe kızarana ve çöreklerin ortası tamamen pişene kadar yaklaşık 5 dakika daha kapağı kapalı olarak pişirmeye devam edin.

ç) Bu arada glazürü hazırlamak için pudra şekeri ve limon suyunu küçük bir kapta iyice karışana kadar çırpın. Servis yapmadan önce sıcak çöreklerin üzerine kremayı gezdirin.

3.Shiitake ve Ispanaklı Lezzetli Yulaf Ezmesi

İÇİNDEKİLER:

- 2 yemek kaşığı zeytinyağı, bölünmüş
- 1 orta boy arpacık soğanı, ince doğranmış
- 3 su bardağı (700 ml) tavuk suyu
- 2 bardak (225 g) Kavrulmuş Hazır Yulaf Ezmesi, şeker veya tarçın ilavesiz
- 8 orta boy shiitake mantarı, dilimlenmiş (yaklaşık 3 ons)
- ¼ çay kaşığı koşer tuzu
- ⅛ çay kaşığı öğütülmüş karabiber
- 3 su bardağı (100 gr) paketlenmiş bebek ıspanak
- 2 yemek kaşığı ponzu sosu ve servis için daha fazlası

TALİMATLAR:

a) Orta-yüksek ateşte küçük bir tencerede 1 yemek kaşığı yağı gezdirin. Arpacık soğanlarını ekleyin ve yarı saydam hale gelinceye kadar yaklaşık 2 dakika pişirin.

b) Et suyunu ve yulaf ezmesini ekleyip kaynatın.

c) Isıyı azaltın ve yulaf tercih ettiğiniz kıvamda pişene kadar ara sıra karıştırarak yaklaşık 5 dakika pişirin. Sıcak tutacak kadar ısıtmaya devam edin.

ç) Bu arada büyük bir tavayı orta-yüksek ateşe koyun ve kalan 1 yemek kaşığı yağı dökün. Mantarları, tuzu ve karabiberi ekleyin. Mantarlar yumuşayana kadar 3 ila 5 dakika ara sıra karıştırarak pişirin. Ispanak ve ponzu ekleyin, karıştırarak birleştirin ve ıspanak soluncaya kadar, yaklaşık 2 dakika pişirin.

d) Yulaf ezmesini, mantarları ve ıspanağı 4 kaseye bölün ve servis yapmadan önce üzerine biraz ponzu gezdirin.

4.Taze soğan, mantar ve keçi peynirli lezzetli krep

İÇİNDEKİLER:
DOLGU İÇİN
- 4 orta boy cremini mantarı, ince doğranmış
- 4 soğan, ince doğranmış
- 2 yemek kaşığı zeytinyağı
- 1 yemek kaşığı doğranmış taze kekik
- ½ çay kaşığı koşer tuzu
- ¼ çay kaşığı öğütülmüş karabiber

KREPLER İÇİN
- 2 su bardağı (240 gr) Çok Amaçlı Pişirme Karışımı
- 1½ su bardağı (350 ml) süt
- 2 büyük yumurta
- Tereyağı
- Keçi peyniri

TALİMATLAR:
DOLGUSUNU YAPMAK İÇİN:
a) Küçük bir kapta mantarları, yeşil soğanları, yağı, kekiği, tuzu ve karabiberi birleştirin ve bir kenara koyun.

KREP YAPMAK İÇİN:
b) Büyük bir kapta, pişirme karışımını süt ve yumurtalarla iyice karışana kadar çırpın.
c) Büyük bir tavayı orta ateşte ısıtın ve bir parça tereyağını eriterek yüzeyi kaplayacak şekilde döndürün. Tavaya bir defada ¼ bardak (60 ml) hamur koyun.
ç) 2 yemek kaşığı mantar ve yeşil soğan karışımını hamurun üzerine serpin ve pişerken krepin üzerine hafifçe bastırın.
d) Kenarlar sertleşmeye başlayana kadar yaklaşık 3 dakika pişirin. Krepi çevirin ve diğer tarafı altın rengi kahverengi olana ve tamamen sertleşene kadar yaklaşık 2 dakika daha pişirin.
e) Üzerine bol miktarda tereyağı ve bir parça keçi peyniri serperek servis yapın.

5.Akçaağaç, Mascarpone ve Çilek ile Ayran Krep

İÇİNDEKİLER:
KREPLER İÇİN
- 2 su bardağı (240 gr) Çok Amaçlı Pişirme Karışımı
- 2 su bardağı (475 ml) ayran
- ½ su bardağı (115 gr) mascarpone peyniri
- 2 büyük yumurta
- Tereyağı

TOPLAMALAR İÇİN
- 2 yemek kaşığı pudra şekeri
- ½ su bardağı (115 gr) mascarpone peyniri
- 2 su bardağı (150 gr) ahududu, böğürtlen veya yaban mersini
- Akçaağaç şurubu

TALİMATLAR:
a) Büyük bir kapta, iyice karışana kadar pişirme karışımını, ayranı, mascarpone'u ve yumurtaları birlikte çırpın.

b) Küçük bir kapta pudra şekerini diğer ½ bardak (115 g) mascarpone ile karıştırın ve bir kenara koyun.

c) Büyük bir tavayı orta ateşte ısıtın ve bir parça tereyağını eriterek yüzeyi kaplayacak şekilde döndürün. Tavaya bir defada ¼ bardak (60 ml) hamur koyun.

ç) Yüzeyde kabarcıklar patlayana ve krepin kenarları sertleşene kadar yaklaşık 3 dakika pişirin. Çevirin ve diğer tarafı altın rengi kahverengi olana ve tamamen sertleşene kadar yaklaşık 2 dakika daha pişirin.

d) Kalan meyilli ile tekrarlayın. (Krepleri sıcak tutmak için, piştikten sonra üst üste koyun ve folyoya sarın.)

e) Üzerine bir parça şekerli mascarpone, bir avuç çilek ve biraz akçaağaç şurubu serperek servis yapın.

6.Izgara Fransız Tostu ve Pastırma Lokmaları

İÇİNDEKİLER:

- 3 büyük yumurta
- 1 su bardağı (240 ml) yarım buçuk veya süt
- ¼ bardak (60 ml) baharatlı rom
- 1 yemek kaşığı şeker
- 6 (¾ ila 1 inç kalınlığında) dilim hafif bayat challah, brioche veya country tarzı ekmek
- 8 şerit kalın kesilmiş pastırma
- Akçaağaç şurubu

TALİMATLAR:

a) İki bölgeli ısıtma için bir ızgara hazırlayın.
b) Geniş, sığ bir tabakta yumurtaları, yarım buçuk, rom ve şekeri muhallebi iyice karışana kadar çırpın.
c) Kullanıma hazır oluncaya kadar 6 şişi bir kenara koyun. Her ekmek dilimini 1 inç (2,5 cm) parçalar halinde kesin. (Yaklaşık 36 parçaya sahip olmalısınız.) Parçaları tabağa tek bir kat halinde yerleştirin, gerekirse gruplar halinde çalışın ve ekmeği yaklaşık 10 saniye muhallebinin içinde bekletin. Ekmek tamamen doygun hale gelene ancak parçalanmayana kadar diğer tarafı yaklaşık 10 saniye daha çevirin ve ıslatın. Ekmeği şişlere geçirin ve biraz süzülmesi için bir kenara koyun. Pastırmayı kalan şişlerin üzerine geçirin, pastırmayı akordeon tarzında ileri geri katlayın ve pastırmanın yağ yerine etli kısımlarını delin.
ç) Pastırmayı dolaylı ateşte, ara sıra çevirerek 10 ila 12 dakika, kenarları gevrek ve kahverengi olana, ancak ortaları hala nemli olana kadar ızgara yapın.
d) Ekmeği doğrudan ateşte ara sıra çevirerek yaklaşık 5 dakika veya yüzeyi kuruyana ve altın rengi kahverengi olana ve ortaları pişene kadar ızgara yapın. Ekmek çok çabuk kızarıyorsa, iyi bir kömürleşme elde ettikten sonra şişleri dolaylı ısıda bitirin.
e) Biraz akçaağaç şurubu serperek servis yapın.

7.Tatlı Patates, Elma ve Pancetta Hash

İÇİNDEKİLER:

- 6 ons pancetta, küçük zarlar halinde kesilmiş
- 1 küçük sarı soğan, ince doğranmış
- 2 orta boy elma, çekirdeği çıkarılmış ve doğranmış
- 2 yemek kaşığı zeytinyağı
- 2 büyük tatlı patates, soyulmuş ve doğranmış
- 1 çay kaşığı kırmızı biber gevreği
- ½ çay kaşığı koşer tuzu
- ¼ çay kaşığı öğütülmüş karabiber
- 2 su bardağı (65 gr) paketlenmiş bebek ıspanak
- 4 büyük yumurta

TALİMATLAR:

a) Büyük bir tavayı orta-yüksek ateşte ısıtın. Pancetta'yı ekleyin ve ara sıra karıştırarak, kızarana ve gevrekleşene kadar 5 ila 8 dakika pişirin. Tavada yağı saklayarak pancetta'yı geniş bir tabağa aktarın.

b) Yağın yaklaşık 1 dakika yeniden ısınmasını bekleyin. Soğanı ekleyin ve yarı saydam hale gelinceye kadar 2 ila 3 dakika pişirin. Elmaları karıştırın ve altın rengi kahverengi olana kadar 3 ila 5 dakika pişirin. Soğanı ve elmaları pancetta tabağına aktarın.

c) Tavayı tekrar ısıtın ve altını hafifçe yağla kaplayın. Tatlı patatesleri tek kat halinde ekleyin ve alt kısmı kızarıncaya kadar yaklaşık 5 dakika kadar rahatsız edilmeden pişirin. Üzerine pul biber, tuz ve karabiber serpin ve ara sıra karıştırarak 8 ila 10 dakika veya tatlı patatesler yumuşayana kadar pişirmeye devam edin.

ç) Pancetta'yı, soğanı ve elmaları tavaya geri koyun ve birleştirmek için karıştırın. Ispanağı ekleyin ve solana kadar 2 ila 3 dakika pişirin.

d) karışıma 4 derin çukur açın. Her bir kuyucuğa bir yumurta kırın, tavanın kapağını kapatın ve sarıları katılaşana kadar 8 ila 10 dakika pişirin. (Eğer sarılarınızın daha az akıcı olmasını istiyorsanız, birkaç dakika daha haşlayın.)

8.Açık Çay

İÇİNDEKİLER:
CHAI KONSANTRE İÇİN
- 1 (14 ons/415 ml) kutu şekerli yoğunlaştırılmış süt
- 1 çay kaşığı öğütülmüş kakule
- 1 çay kaşığı öğütülmüş zencefil
- ½ çay kaşığı öğütülmüş tarçın
- ½ çay kaşığı öğütülmüş karanfil

CHAI İÇİN
- Siyah çay poşeti
- Sıcak su

TALİMATLAR:
a) Chai konsantresini hazırlamak için tüm malzemeleri küçük bir kasede birleştirin. Kapaklı bir kaba aktarın ve 3 haftaya kadar soğutun.

b) Çay poşetini bir bardak sıcak suda 3 ila 5 dakika kadar bekletin.

c) birkaç kaşık dolusu chai konsantresini karıştırın.

BAŞLANGIÇLAR VE ATIŞTIRMALIKLAR

9.Tavuk Satay Şişleri

İÇİNDEKİLER:
- 650 gr derisiz tavuk göğsü, doğranmış

Marine için:
- 150 ml şekersiz hindistan cevizi içeceği
- 2 çay kaşığı orta boy köri tozu
- 1 yemek kaşığı tuzu azaltılmış soya sosu
- 1 yığın çay kaşığı pürüzsüz mango turşusu
- Fıstıklı dip sos için:
- 3 yemek kaşığı pürüzsüz fıstık ezmesi
- 2,5 cm soyulmuş zencefil kökü
- 1 orta boy diş sarımsak, soyulmuş
- ½ çay kaşığı orta boy köri tozu
- 2 yemek kaşığı pirinç şarabı sirkesi
- 1 yemek kaşığı tuzu azaltılmış soya sosu
- 1 yemek kaşığı limon suyu
- 1 çay kaşığı pürüzsüz mango turşusu

TALİMATLAR:
a) Marineyi hazırlamak için, marinenin tüm malzemelerini geniş bir kaseye ekleyin ve karıştırın.
b) Tavukları marineye ekleyin ve iyice kaplayacak şekilde karıştırın. En az 1 saat boyunca örtün ve buzdolabında saklayın.
c) Dip sos malzemelerini blendera koyun ve pürüzsüz hale gelinceye kadar karıştırın. Servis kasesine dökün.
ç) Tahta şiş kullanıyorsanız yanmayı önlemek için suya batırın.
d) Her şişin üzerine 2-3 parça tavuk geçirin.
e) Orta-yüksek ateşte ızgara tepsisine yerleştirin ve yaklaşık 4 dakika pişirin; bazı kenarları kahverengileşmeye başlamalıdır. Izgaradan çıkarın, şişleri dikkatlice çevirin (şişlerin sıcak olabileceğini unutmayın) ve tavuk iyice pişene kadar 4 dakika daha pişirin.

10.Vegan Sosis Ruloları

İÇİNDEKİLER:
- Hafif pişirme sprey yağı
- 1 orta boy kırmızı soğan, doğranmış
- 200 gr kestane mantarı, dilimlenmiş
- Küçük bir avuç taze adaçayı, kabaca doğranmış
- 1 diş sarımsak, dilimlenmiş
- 1 çay kaşığı füme kırmızı biber
- Tadına göre taze rendelenmiş hindistan cevizi
- Tatmak için taze çekilmiş karabiber
- 1 yemek kaşığı vegan Worcestershire sosu
- 1 x 400g konserve yeşil veya kahverengi mercimek, durulanmış ve kurulayın
- 50 gr yulaf ezmesi
- 4 yaprak önceden hazırlanmış vegan yufka
- Glazeleme için şekersiz soya sütü veya benzeri

TALİMATLAR:

a) Fırını önceden 200°C/Fanlı 180°C'ye ısıtın.

b) Yapışmaz bir kızartma tavasını sprey yağıyla kaplayın ve orta-düşük ateşte ısıtın. Soğanı yumuşak ve yarı saydam olana kadar pişirin. Daha sonra ısıyı en yükseğe çıkarın ve soğan altın rengi kahverengi olana kadar sürekli karıştırın. Ateşten alıp mutfak robotuna koyun.

c) Aynı tavaya biraz daha sprey yağ ekleyin ve orta-yüksek ateşte mantarları pişirin. Kahverengileşene kadar düzenli olarak karıştırın.

ç) Daha sonra ısıyı azaltın ve hacim önemli ölçüde azalıncaya kadar pişirmeye devam edin. Fazla sıvıyı boşaltın ve mutfak robotundaki soğana ekleyin.

d) Soğan ve mantarlara adaçayı, sarımsak, kırmızı biber, hindistan cevizi, karabiber ve Worcestershire sosunu ekleyin ve kaba bir macun elde edene kadar karıştırın.

e) Daha sonra mercimekleri ve yulafları ekleyin ve iyice karıştırın, ancak dokuyu biraz koruyun.

f) İki yufka yaprağını kuru bir kesme tahtası üzerine üst üste yerleştirin. 'Sosis' karışımını uzun kenarı boyunca kenardan yaklaşık 4 cm uzakta olacak şekilde kaşıkla dökün. Sosis yaklaşık 2 cm genişliğinde ve 1 cm yüksekliğinde olmalıdır. 4 cm'lik kenarı sosisin üzerine kaldırın, ardından sosisleri dikkatlice yuvarlayın. Yaklaşık 2,5 cm uzunluğunda 9 sosis rulosu halinde kesin. Kalan filo ve sosis karışımıyla aynı işlemi tekrarlayın.

g) Sosis rulolarını fırın tepsisine yerleştirin ve soya sütüyle kaplayın. Fırında 20-22 dakika kadar pişirin.

11.Chuckwagon kebapları

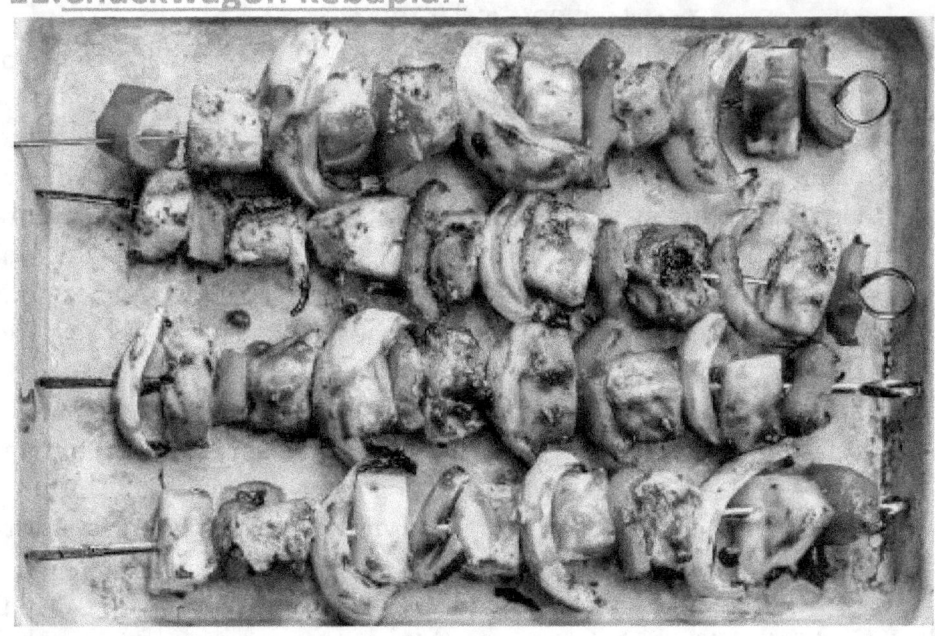

İÇİNDEKİLER:
- 16 onsluk paket sosisli sandviç - üçte kesilmiş
- 16 onsluk paket füme frank - üçte bir oranında kesilmiş
- 30 onsluk paket dondurulmuş biftek kızartması

TALİMATLAR:
a) Tüm malzemeleri dönüşümlü olarak şişlere geçirin; İstenirse ağır hizmet tipi folyoya gevşek bir şekilde sarın.

b) Izgara kapağı olmadan, orta-yüksek ateşte (350-400 derece) her iki tarafını da 3-4 dakika ızgaralayın.

12. Somon, Fasulye ve Bezelye Balık Köftesi Lokmaları

İÇİNDEKİLER:

- 2 x somon filetosu (toplamda yaklaşık 260 gr), taze veya dondurulmuş
- 1 limon, meyve suyu ve kabuğu rendesi
- Tatmak için taze çekilmiş karabiber
- 2 x 400g konserve fasulye, süzülmüş
- 100 gr küçük parçalar pois, dondurulmuş, soğuk su altında durulanmış
- 1 yumurta, hafifçe çırpılmış
- 50 gr ekmek kırıntısı, ideal olarak kepekli
- 2 tepeleme çay kaşığı kapari
- 2 yemek kaşığı yağsız sade Yunan yoğurdu

TALİMATLAR:

a) Fırını 190°C/Fanlı 170°C'ye önceden ısıtın.
b) Somonu bol miktarda su içeren gevşek bir folyo paketine sarın. Somonunuzu nasıl pişirmeyi tercih ettiğinize bağlı olarak fırına koyun ve 15–25 dakika pişirin. Soğumaya bırakın.
c) Somonu büyük bir kaseye aktarın ve derisini ve kemiklerini atarak parçalayın. Limon kabuğu rendesini, limon suyunun yarısını ve karabiberi ekleyip karıştırın.
ç) Tereyağlı fasulyeleri ve petitleri yerleştirin bir mutfak robotuna koyun ve biraz parçalamak için nabız atın. Daha sonra azar azar ekleyerek somonla karıştırın.
d) Fasulye ve somonun tamamı birleştirildiğinde yumurtayı ekleyin ve iyice karıştırın. İhtiyaç duyulana kadar buzdolabında saklayın.
e) Fırını önceden 220°C/Fanlı 200°C'ye ısıtın.
f) Karışımı 20 parçaya (her biri yaklaşık 40 gram) bölün ve toplar halinde yuvarlayın. Her bir topu ekmek kırıntılarına bulayıp, yağlı kağıt serilmiş tepsiye dizin.
g) Balık köftelerini yarıya kadar çevirerek yaklaşık 20 dakika fırına koyun.
ğ) Kaparileri küçük bir kaseye alın ve kaşığın tersiyle ezin. Yoğurdu ve kalan limon suyunu ekleyip iyice karıştırın.
h) Balık köftelerini fırından çıkarın ve yoğurt sosuyla servis yapın.

13.Sweet Chili-Soya Sırlı Izgara Mısır

İÇİNDEKİLER:
- 2 yemek kaşığı (30 ml) soya sosu
- 2 yemek kaşığı (40 gr) tatlı biber sosu
- 6 kulak mısır, ayıklanmış
- Buğulanma için zeytinyağı pişirme spreyi
- Servis için tereyağı (isteğe bağlı)

TALİMATLAR:
a) Kömürlerin üzerinde ızgara ızgarası bulunan bir kömür ızgarasında orta sıcaklıkta tek seviyeli bir ateş hazırlayın.
b) Küçük bir kapta soya sosu ve tatlı biber sosunu karıştırın. İhtiyaç duyulana kadar bir kenara koyun.
c) Mısırları pişirme spreyi ile püskürtün, kulakları ızgaraya yerleştirin ve ızgara kapağını kapatın. Mısır kömürleşmeye başlayıncaya kadar ara sıra çevirerek 5 ila 10 dakika ızgara yapın. Sırı mısırın üzerine fırçalayın ve kapak kapalı olarak, çekirdekler yumuşayana ve her tarafı kömürleşene kadar, yaklaşık 10 dakika, her 3 dakikada bir çevirerek ve daha fazla sırla fırçalayarak ızgaraya devam edin.
ç) İstenirse, mısırın üzerine başka bir sır tabakası ve bir parça tereyağı ile servis yapın.

14.Mısır Koçanı

İÇİNDEKİLER:
- Koçanda taze mısır
- Tereyağı
- Tatmak için biber ve tuz

TALİMATLAR:
a) Mısırın kabuklarını soyun ancak koçanın dibine bağlı halde bırakın. İpek ipliklerini mısırdan çıkarın.
b) Mısırları geniş bir kase soğuk suda yaklaşık 10 dakika kadar bekletin.
c) Izgaranızı orta-yüksek ateşte önceden ısıtın.
ç) Mısırın fazla suyunu silkeleyin ve doğrudan ızgaraya yerleştirin.
d) Mısırları yaklaşık 10-12 dakika, ara sıra çevirerek, çekirdekler yumuşayana ve hafifçe kömürleşene kadar ızgarada pişirin.
e) Mısırları ızgaradan çıkarın ve kabuklarını dikkatlice geri çekin. Mısırı tutmak için bunları kulp olarak kullanın.
f) sıcakken mısırın üzerine tereyağı sürün , erimesini ve çekirdekleri kaplamasını sağlayın.
g) Tatmak için tuz ve karabiber ekleyin.
ğ) Koçanı Üzerindeki Mısır'ı açık havada veya açık hava toplantılarınızda lezzetli ve klasik bir garnitür olarak servis edin.

15.Mini Kaydırıcılar

İÇİNDEKİLER:
- Mini kaydırmalı çörekler veya akşam yemeği ruloları
- Kıyma veya hindi
- Tatmak için biber ve tuz
- Çeşitli taze sebzeler (marul, domates dilimleri, soğan dilimleri ve avokado gibi)
- Peynir dilimleri (çedar, İsviçre veya biber gibi)
- Seçtiğiniz çeşniler (ketçap, hardal veya mayonez gibi)
- İsteğe bağlı: Turşu, karamelize soğan veya diğer soslar

TALİMATLAR:
a) Izgaranızı veya ocak üstü tavanızı orta-yüksek ısıya kadar önceden ısıtın.
b) Kıymayı veya hindiyi tuz ve karabiberle tatlandırın ve kaymaklı çöreklerinizin boyutuna uygun küçük köfteler haline getirin.
c) Köfteleri ızgarada veya ocak üstü tavada her tarafı yaklaşık 3-4 dakika veya istediğiniz pişme seviyesine ulaşıncaya kadar pişirin.
ç) Kaydırıcı çörekleri yatay olarak ikiye bölün.
d) Her çöreğin alt yarısına pişmiş köfteyi yerleştirin.
e) Köftelerin üzerine hala sıcakken peynir dilimleri koyun ve peynirin hafifçe erimesini sağlayın.
f) Taze sebzeleri ve istediğiniz çeşnileri peynirin üzerine koyun.
g) Çöreğin üst yarısını birleştirilmiş kaydırıcıların üzerine yerleştirin.
ğ) Mini Kaydırıcıları açık havada veya açık hava toplantılarınızda lezzetli ve küçük seçenekler olarak servis edin.

16.Mini pizzalar

İÇİNDEKİLER:
- İngiliz kekleri veya mini pizza kabukları
- Pizza Sosu
- Rendelenmiş peynir
- Seçtiğiniz malzemeler (örn. pepperoni, dilimlenmiş sebzeler, zeytin)

TALİMATLAR:
a) Fırını pizza kabuğu paketinde önerilen sıcaklığa kadar önceden ısıtın.
b) İngiliz keklerini ikiye bölün veya mini pizza kabuklarını bir fırın tepsisine yerleştirin.
c) Pizza sosunu her muffin yarısına veya kabuğuna eşit şekilde yayın.
ç) Rendelenmiş peyniri sosun üzerine serpin.
d) İstediğiniz malzemeleri ekleyin.
e) Önceden ısıtılmış fırında yaklaşık 10-12 dakika veya peynir eriyip kabarcıklanıncaya kadar pişirin.
f) Servis yapmadan önce biraz soğumalarını bekleyin.

17.nachos

İÇİNDEKİLER:
- Tortilla cips
- Rendelenmiş peynir
- Kızartılmış fasulye
- Dilimlenmiş jalapeno
- Salsa
- Guacamole
- Ekşi krema

TALİMATLAR:
a) Fırını önceden 350°F'ye (175°C) ısıtın.
b) Bir fırın tepsisine bir kat tortilla cipsi yayın.
c) Rendelenmiş peyniri cipslerin üzerine serpin.
ç) Bir kat yeniden kızartılmış fasulye ve dilimlenmiş jalapeno ekleyin.
d) Önceden ısıtılmış fırında yaklaşık 10-12 dakika veya peynir eriyene kadar pişirin.
e) Salsa, guacamole ve ekşi krema ile servis yapın.

18.Patlamış Mısır Barı

İÇİNDEKİLER:

- Patlamış mısır
- Çeşitli süslemeler (örneğin eritilmiş çikolata, karamel sos, rendelenmiş peynir, kırmızı toz biber, tarçın şekeri, kurutulmuş otlar)

TALİMATLAR:
a) Patlamış mısırı paket talimatlarına göre patlatın.
b) Patlamış mısırı kaselere veya bireysel torbalara bölün.
c) Farklı soslar içeren çeşitli kaselerden oluşan bir sos istasyonu kurun.
ç) Konukların, istenilen malzemeleri ekleyerek patlamış mısırlarını kişiselleştirmelerine izin verin.

19.Hindistan Cevizli Karides

İÇİNDEKİLER:
- 1 kiloluk büyük karides, soyulmuş ve ayrılmış
- 1 su bardağı rendelenmiş hindistan cevizi (şekerli veya şekersiz)
- ½ bardak ekmek kırıntısı
- ½ çay kaşığı tuz
- Kızartmak için bitkisel yağ

TALİMATLAR:
a) Bir kapta rendelenmiş hindistan cevizini, galeta unu ve tuzu birleştirin.
b) Her karidesi Hindistan cevizi karışımıyla kaplayın ve kaplamaya yapışması için hafifçe bastırın.
c) Bitkisel yağı büyük bir tavada veya fritözde yaklaşık 350°F (175°C) sıcaklığa ısıtın.
ç) Hindistan cevizi karideslerini her iki tarafta yaklaşık 2-3 dakika veya altın rengi kahverengi olana ve tamamen pişene kadar gruplar halinde kızartın.
d) Fazla yağının süzülmesi için pişmiş karidesleri kağıt havluyla kaplı bir tabağa aktarın.
e) Bu çıtır ve lezzetli Hindistan Cevizli Karidesleri lezzetli bir meze olarak servis edin ve tadını çıkarın!

20.Mangolu Avokado Salatası

İÇİNDEKİLER:
- 2 olgun mango, doğranmış
- 2 olgun avokado, doğranmış
- 1 salatalık, dilimlenmiş
- ¼ bardak kırmızı soğan, ince doğranmış
- 2 yemek kaşığı taze limon suyu
- 2 yemek kaşığı doğranmış taze kişniş
- Tatmak için biber ve tuz

TALİMATLAR:
a) Bir kasede doğranmış mangoları, doğranmış avokadoları, salatalık dilimlerini ve doğranmış kırmızı soğanı birleştirin.
b) Limon suyunu karışımın üzerine gezdirin.
c) Kıyılmış silantroyu ekleyin.
ç) Tatmak için tuz ve karabiber ekleyin.
d) Tüm malzemeleri iyice birleşene kadar yavaşça karıştırın.
e) Mango Avokado Salatasını ferahlatıcı ve sağlıklı bir garnitür olarak veya ızgara et, deniz ürünleri veya tacos için bir üst malzeme olarak servis edin.

21.Izgara Tropikal Tavuk Şiş

İÇİNDEKİLER:

- 1 pound kemiksiz, derisiz tavuk göğsü, ısırık büyüklüğünde parçalar halinde kesilmiş
- 1 bardak ananas parçaları
- 1 kırmızı dolmalık biber, parçalar halinde kesilmiş
- ¼ bardak soya sosu
- 2 yemek kaşığı bal
- 2 yemek kaşığı limon suyu
- 1 çay kaşığı rendelenmiş zencefil
- Tatmak için biber ve tuz
- Yanmayı önlemek için 30 dakika suya batırılmış tahta şişler

TALİMATLAR:

a) Bir kasede soya sosu, bal, limon suyu, rendelenmiş zencefil, tuz ve karabiberi birlikte çırpın.
b) Tavuk parçalarını, ananas parçalarını ve kırmızı dolmalık biber parçalarını dönüşümlü olarak şişlerin üzerine geçirin.
c) Şişleri marine ile fırçalayın ve eşit şekilde kaplayın.
ç) Izgarayı orta-yüksek ısıya kadar önceden ısıtın.
d) Şişleri ızgaraya yerleştirin ve ara sıra çevirerek, tavuk iyice pişip hafifçe kömürleşene kadar yaklaşık 8-10 dakika pişirin.
e) Şişleri ızgaradan çıkarın ve birkaç dakika dinlenmeye bırakın.
f) Izgara Tropikal Tavuk Şişlerini lezzetli ve tropikal bir ana yemek olarak veya yaz barbeküsüne lezzetli bir katkı olarak servis edin.

22.Izgara Ananas ve Karides Şişleri

İÇİNDEKİLER:
- 1 kiloluk büyük karides, soyulmuş ve ayrılmış
- 2 su bardağı taze ananas parçaları
- ¼ bardak zeytinyağı
- 2 yemek kaşığı limon suyu
- 2 diş sarımsak, kıyılmış
- 1 çay kaşığı kırmızı biber
- Tatmak için biber ve tuz
- Şiş

TALİMATLAR:
Bir kasede zeytinyağı, limon suyu , kıyılmış sarımsak, kırmızı biber, tuz ve karabiberi birlikte çırpın.
Karidesleri ve ananasları dönüşümlü olarak şişlere geçirin.
Şişleri marine ile fırçalayın.
Izgarayı orta-yüksek ateşte önceden ısıtın ve ızgaraları yağlayın.
Karidesler pembeleşene ve tamamen pişene kadar şişlerin her tarafını 2-3 dakika ızgaralayın.
Lezzetli bir meze veya ana yemek olarak sıcak servis yapın.

23.Caprese Şişleri

İÇİNDEKİLER:
- 16 kiraz domates
- 16 adet mini mozzarella topu (bocconcini)
- 16 adet taze fesleğen yaprağı
- 2 yemek kaşığı balzamik sır
- Tatmak için biber ve tuz
- Şiş

TALİMATLAR:
a) Her şişin üzerine bir kiraz domates, bir mini mozzarella topu ve bir fesleğen yaprağı geçirin.
b) Şişleri bir tabağa dizin.
c) Şişlerin üzerine balzamik sosu gezdirin.
ç) Tuz ve karabiberle tatlandırın.
d) Renkli ve lezzetli bir meze olarak servis yapın.

24.Barbekü Tavuk Kaydırıcıları

İÇİNDEKİLER:
- 1 pound kemiksiz, derisiz tavuk göğsü
- 1 su bardağı barbekü sosu
- ¼ bardak mayonez
- 12 kaydırıcı çörek
- Lahana Yaprakları
- Domates dilimleri
- Kırmızı soğan dilimleri

TALİMATLAR:
a) Izgarayı orta ateşte önceden ısıtın.
b) Tavuk göğüslerini tuz ve karabiberle tatlandırın.
c) Tavuğun her tarafı pişene kadar yaklaşık 6-8 dakika ızgarada pişirin.
ç) Tavuğun üzerine barbekü sosunu sürün ve her iki tarafını da birer dakika daha ızgarada pişirmeye devam edin.
d) Tavuğu ızgaradan çıkarın ve birkaç dakika dinlenmeye bırakın.
e) Tavukları küçük parçalar halinde dilimleyin.
f) Kaydırıcı çörekler üzerine mayonez sürün.
g) Her çöreğin üzerine bir parça tavuk koyarak kaydırıcıları birleştirin.
ğ) Üzerine marul, domates ve kırmızı soğan dilimlerini ekleyin.
h) Lezzetli ve taşınabilir sandviçler olarak servis yapın.

25.Kızılcık ve Brie ile Minyatür Tartlets

İÇİNDEKİLER:

- 1 yaprak önceden hazırlanmış puf böreği, çözülmüş
- 1 bardak kızılcık sosu (ev yapımı veya mağazadan satın alınmış)
- 6 ons brie peyniri, kabuğu çıkarılmış ve küçük küpler halinde kesilmiş
- Garnitür için taze biberiye veya kekik (isteğe bağlı)
- Tatmak için biber ve tuz

TALİMATLAR:

a) Fırınınızı önceden 200°C'ye (400°F) ısıtın ve fırın tepsisini parşömen kağıdıyla kaplayın.
b) Çözülmüş puf böreği tabakasını hafifçe unlanmış bir yüzeyde yaklaşık ¼ inç kalınlığa kadar açın.
c) Yuvarlak bir kurabiye kalıbı veya bardak kullanarak, puf böreğinden küçük daireler kesin. Boyut, tartletlerinizin ne kadar minyatür olmasını istediğinize bağlı olacaktır.
ç) Hamur halkalarını hazırlanan fırın tepsisine, aralarında biraz boşluk kalacak şekilde yerleştirin.
d) Her bir pasta çemberinin üzerine yaklaşık ½ çay kaşığı kızılcık sosunu kaşıkla dökün.
e) Kızılcık sosunun üzerine bir küp brie peyniri ekleyin.
f) Her tartletin üzerine bir tutam tuz ve karabiber serpin.
g) İstenirse, her tartıyı küçük bir dal taze biberiye veya kekikle süsleyin.
ğ) Önceden ısıtılmış fırında yaklaşık 12-15 dakika veya puf böreği altın rengi kahverengi ve kabarıncaya kadar pişirin.
h) Tartletleri fırından çıkarın ve servis yapmadan önce birkaç dakika soğumasını bekleyin.

26.Lezzetli Kokteyl Soslu Karides Kokteyli

İÇİNDEKİLER:
- 1 pound (450g) büyük karides, soyulmuş ve kabuğu çıkarılmış
- 1 limon, dilimlenmiş
- Garnitür için taze dereotu (isteğe bağlı)
- Tuz, suyu kaynatmak için
- Lezzetli Kokteyl Sosu

TALİMATLAR:
a) Büyük bir tencereye su doldurun ve tuzlayın. Suyu kaynamaya getirin.
b) Soyulmuş ve ayıklanmış karidesleri kaynayan suya ekleyin. Yaklaşık 2-3 dakika veya karidesler pembeleşip opaklaşana kadar pişirin.
c) Pişmiş karidesleri boşaltın ve pişirme işlemini durdurmak için buzlu su dolu bir kaseye aktarın. Birkaç dakika soğumalarını bekleyin.
ç) Karidesler soğuduktan sonra buzlu sudan çıkarın ve kağıt havluyla kurulayın.
d) Karidesleri servis tabağına veya bireysel kokteyl bardaklarına yerleştirin.
e) Karides kokteylini, yanında lezzetli kokteyl sosuyla birlikte servis edin veya sosu karidesin üzerine gezdirin.
f) İstenirse limon dilimleri ve taze dereotu ile süsleyin.

SANDVİÇLER VE SARMALAR

27.Taç Giyme Tavuklu Sandviçler

İÇİNDEKİLER:

- 3 yemek kaşığı yağsız sade Yunan yoğurdu
- ¼ çay kaşığı hafif veya orta boy köri tozu
- Zerdeçal serpin
- 1 çay kaşığı limon veya limon suyu
- 1 adet kuru kayısı, ince doğranmış
- 10 cm salatalık, çekirdekleri çıkarılmış ve doğranmış
- 1 tepeleme çay kaşığı kuru üzüm, doğranmış
- 120 gr pişmiş tavuk göğsü, soğutulmuş ve doğranmış
- 4 orta dilim kepekli ekmek

TALİMATLAR:

a) Bir kaseye yoğurt, köri tozu, zerdeçal ve limon veya limon suyunu ekleyin ve iyice karıştırın.

b) Yoğurtlu karışıma küp küp doğranmış kayısı, salatalık, kuru üzüm ve doğranmış tavuğu ekleyip iyice karıştırın.

c) Sandviçleri birleştirin (tereyağa veya sürmeye gerek yok) ve dörde bölün.

ç) Hemen servis yapın veya kapalı bir tencereye aktarın ve ihtiyaç duyulana kadar buzdolabında saklayın. Sandviçleri aynı gün hazırlamak en iyisidir, ancak dolgu önceden hazırlanabilir.

28.Hardallı ve Giardinieralı İtalyan Burgerleri

İÇİNDEKİLER:
- 1½ bardak (336 g) Ev yapımı Giardiniera, ayrıca servis için daha fazlası
- 3 yemek kaşığı (45 gr) Dijon hardalı
- 1½ yemek kaşığı (21 gr) mayonez
- 3 yemek kaşığı (7,5 gr) ince dilimlenmiş taze fesleğen
- 1 pound (454 g) öğütülmüş mandren
- 12 ons (340 g) toplu sıcak İtalyan sosisi
- ¾ çay kaşığı koşer tuzu
- ¼ çay kaşığı öğütülmüş karabiber
- 4 dilim provolon peyniri
- 4 ciabatta rulosu, bölünmüş

TALİMATLAR:
a) Burgerleri servis etmeyi planlamanızdan en az 3 gün önce giardiniera'yı (burada) yapın.
b) Kömürlerin üzerinde ızgara ızgarası bulunan bir ateş çukurunda orta sıcaklıkta iki bölgeli bir ateş hazırlayın.
c) Giardiniera'yı ince ince doğrayın. İhtiyaç duyulana kadar bir kenara koyun.
ç) Küçük bir kapta hardalı, mayonezi ve fesleğenleri karıştırın. Bir kenara koyun.
d) Büyük bir kapta öğütülmüş mandreni, İtalyan sosisini, tuzu ve karabiberi birleştirin. Temiz ellerle malzemeleri birleşene kadar hafifçe karıştırın. Karışımı 8 eşit parçaya bölün. Her parçayı bir top haline getirin ve her topu yavaşça yaklaşık 1 cm (½ inç) kalınlığında bir köfte haline getirin. 2 köfte arasına 1 dilim provolon sandviçleyin. Peyniri kaplamak için kenarlarını parmaklarınızla kıvırın. Büyük bir çukur oluşturmak için başparmağınızı her köftenin ortasına bastırın.
e) Köfteleri doğrudan ateşte ızgaraya dizin. 4 dakika boyunca rahatsız edilmeden ızgara yapın. Köfteleri çevirin ve etin ortasına yerleştirilen anında okunan termometre 160°F (71°C) sıcaklığa ulaşana kadar 3 ila 4 dakika daha ızgara yapın.
f) Ciabatta'yı kesik tarafı aşağı gelecek şekilde ızgaranın üzerine doğrudan ateşte yerleştirin. Hafifçe kızarıp gevrekleşene kadar, 30 saniye ile 1 dakika arasında ızgara yapın. Alt çörekleri bir tepsiye

aktarın. Üst çörekleri ters çevirin ve kızarana kadar 30 saniye ila 1 dakika arasında ızgara yapın.

g) Burgerleri birleştirmek için, her ciabatta topuzunun alt yarısına bir kat fesleğen hardalı sürün. Bir köfte ve birkaç kaşık dolusu giardiniera ekleyin ve çöreğin diğer yarısını üstüne yerleştirin. Yanında daha fazla giardiniera ile servis yapın .

29. Dumanlı Salsa Verde ile Kimyon Kabuklu Tavuk Tacos

İÇİNDEKİLER:
SALSA VERDE İÇİN
- 1½ pound (681 g) tomatillo, kabuğu çıkarılmış
- 1 beyaz soğan, uzunlamasına ikiye bölünmüş, kökü sağlam kalmış, iri doğranmış
- 2 jalapeno biberi
- Sebzeleri hazırlamak için zeytinyağı pişirme spreyi
- ½ bardak (8 gr) paketlenmiş taze kişniş
- 1 misket limonunun suyu
- ½ çay kaşığı koşer tuzu, artı gerektiğinde daha fazlası

TAVUK TACOS İÇİN
- 2 yemek kaşığı (12 gr) kimyon tohumu, irice ezilmiş
- 1 çay kaşığı koşer tuzu ve baharat için daha fazlası
- ½ çay kaşığı öğütülmüş karabiber, ayrıca baharat için daha fazlası
- Fazla yağdan arındırılmış 2 kilo kemiksiz, derisiz tavuk budu
- 2 kırmızı soğan, dörde bölünmüş, kökleri sağlam kalmış
- Soğanı hazırlamak için zeytinyağı pişirme spreyi
- Servis için ısıtılmış un veya mısır ekmeği
- Seçilmiş Topingler

TALİMATLAR:
a) Kömürlerin üzerinde ızgara ızgarası bulunan bir ateş çukurunda orta sıcaklıkta iki bölgeli bir ateş hazırlayın.

SALSA VERDE'Yİ HAZIRLAMAK İÇİN:
b) Tomatilloları, soğanları ve jalapenoları pişirme spreyi ile püskürtün. Sebzeleri doğrudan ateşte ızgaraya dizin. Ara sıra çevirerek yumuşayana ve kömürleşene kadar yaklaşık 8 dakika ızgara yapın. Bittiğinde her sebzeyi çıkarın ve bir kesme tahtasına aktarın.

c) Kızarmış soğanı ince ince doğrayıp doğrayın. Izgara jalapenoların saplarını ve çekirdeklerini çıkarın.

ç) Bir mutfak robotunda doğranmış soğanı, jalapeno biberini, tomatilloyu, kişnişi, limon suyunu ve tuzu birleştirin. Malzemeler bir sos halinde birleşinceye , ancak yine de biraz tıknaz bir kıvama sahip olana kadar nabız atın. İsterseniz tadın ve daha fazla tuz ekleyin. Küçük bir kaseye aktarın. Kullanıma hazır olana kadar bir kenara koyun.

TAVUK TACOS'UN YAPILMASI:

d) Küçük bir kapta kimyon tohumlarını, tuzu ve karabiberi karıştırın. Tavukların her tarafını baharat karışımıyla baharatlayın.
e) Kırmızı soğanları pişirme spreyi ile yağlayın ve birkaç tutam tuz ve karabiberle tatlandırın.
f) Tavukları ve kırmızı soğanları doğrudan ateşteki ızgaraya dizin. Tavuğu 10 ila 12 dakika boyunca, ara sıra çevirerek, her iki tarafı da eşit şekilde kömürleşene ve uyluğun en kalın kısmına yerleştirilen anında okunan termometre 82°C ila 85°C'ye (180°F ila 185°F) ulaşana kadar ızgara yapın. (Tavuğu sıcaklığa ulaşmadan önce yanıyor gibi görünüyorsa dolaylı ateşte hareket ettirin.) Soğanları yumuşayana ve kömürleşene kadar yaklaşık 8 dakika, ara sıra çevirerek kızartın.
g) dilimleyin ve soğanı kesip dilimleyin.
ğ) Tavuk, soğan, tortilla, salsa verde ve tercih ettiğiniz malzemelerle bir taco bar hazırlayın. Konukları kendilerine hizmet etmeye davet edin.

30.Sedir Kaplamalı Sıcak Jambon ve Brie Eritiyor

İÇİNDEKİLER:
- 8 dilim köy ekmeği
- Yaymak için mayonez
- Yaymak için Dijon hardalı
- 8 ila 12 ons (225 ila 340 g) şarküteri jambonu, ince dilimlenmiş
- 1 (8 ons veya 225 g) tekerlek Brie peyniri, 0,6 cm (¼ inç) dilimler halinde kesilmiş
- Yaymak için Acı Biber Jölesi veya mağazadan satın alınan acı biber jölesi

TALİMATLAR:
a) Izgara yapmayı planlamadan önce bir sedir tahtasını en az 1 saat suda bekletin.
b) Kömürlerin üzerinde ızgara ızgarası bulunan bir kömür ızgarasında orta sıcaklıkta iki bölgeli bir ateş hazırlayın.
c) 4 ekmek diliminin bir tarafına ince bir kat mayonez sürün. Ekmeği çevirin ve diğer tarafa ince bir kat Dijon sürün. Üzerine jambon ve peynirden birkaç dilim koyun.
ç) Kalan 4 ekmek diliminin üzerine jöleyi sürün. Bunları jöle tarafı aşağı bakacak şekilde sandviçin üzerine yerleştirin. Üzerine ince bir kat mayonez sürün.
d) Duman çıkmaya başlayana kadar tahtayı önceden ısıtın. Tahtayı ters çevirin ve dolaylı ısının üzerinde hareket ettirin. Sandviçleri tahtaya yerleştirin ve ızgara kapağını kapatın.
e) Peynir eriyene ve ekmek kızarana kadar 10 ila 12 dakika ızgara yapın.
f) Sandviçleri tahtadan çıkarın ve doğrudan ısıtma tarafına taşıyın. Sandviçleri ızgarada, üstü açık olarak, her tarafı yaklaşık 1 dakika boyunca, iyi ızgara izleri oluşana kadar kızartın.

31.Humus ve Pancar Salsa Sarmaları

İÇİNDEKİLER:
- 6 büyük kepekli dürüm
- 150g yağı azaltılmış sade humus
- 90 gr körpe ıspanak yaprağı, yıkanmış
- Pancar salsası için:
- 250 gr buharda pişirilmiş pancar, ince doğranmış
- 2 taze soğan, kesilmiş ve ince dilimlenmiş
- 1 çay kaşığı kırmızı biber püresi
- Küçük avuç taze nane, doğranmış 1 yemek kaşığı limon suyu

TALİMATLAR:
a) Salsa malzemelerini bir kaseye koyun ve karıştırın.
b) Humus'u her sargının bir tarafına yayın.
c) Pancar salsasını kaşıkla üzerine dökün ve üzerine ıspanak yapraklarını ekleyin.
ç) Sargının iki karşılıklı tarafını yaklaşık 3 cm kadar katlayın. Daha sonra katlanmamış kenarlardan birini kaldırın ve katlanmış kenarlar uçları oluşturacak şekilde yuvarlayın.
d) Sarmayı ikiye bölün. Her bir yarıyı bir kokteyl çubuğuyla sabitleyin.

IZGARA ŞEBEKE

32.Marinara Soslu Plank Köfte

İÇİNDEKİLER:
MARİNARA SOSU İÇİN
- 2 yemek kaşığı (30 ml) zeytinyağı
- 1 arpacık soğanı, kıyılmış
- 2 diş sarımsak, kıyılmış
- 1 (28 ons veya 790 g) konserve bütün soyulmuş domates, süzülmemiş
- 1 yemek kaşığı (4 gr) kıyılmış taze kekik
- Kırmızı biber gevreğini sıkın
- Kaşer tuzu

KÖFTE İÇİN
- 12 (yaklaşık 1 pound veya 454 g) İtalyan usulü köfte
- Kaşer tuzu
- Öğütülmüş karabiber
- Üzerine serpmek için rendelenmiş Parmesan peyniri
- Servis için pişmiş spagetti (isteğe bağlı)

TALİMATLAR:
a) Izgara yapmayı planlamadan önce meşe tahtasını en az 1 saat suda bekletin.

b) Kömürlerin üzerinde ızgara ızgarası bulunan bir kömür ızgarasında orta sıcaklıkta iki bölgeli bir ateş hazırlayın.

c) MARİNARA SOSUNU HAZIRLAMAK İÇİN: Ocakta orta boy bir tavayı orta-yüksek ateşte ısıtın. Zeytinyağı ve arpacık soğanı ekleyin. Arpacık soğanı yarı saydam oluncaya kadar 1 ila 2 dakika pişirin. Sarımsak, domates, kekik ve kırmızı biber gevreğini karıştırın ve sosu hızlı bir şekilde kaynatın. Isıyı azaltın ve sosu yavaş, sabit bir kaynamada tutun, ara sıra karıştırın ve domatesler parçalandıkça kaşığın arkasıyla ezin. Kullanıma hazır olana kadar en az 30 dakika pişirin. Sos ne kadar uzun süre kaynatılırsa o kadar kalın ve zengin olur. Sosu tadın ve gerekirse tuz ekleyin. (Daha pürüzsüz bir sos tercih ederseniz, kullanmadan önce karıştırın.)

ç) KÖFTE YAPILIŞI: Köftelere tuz ve karabiber serpin.

d) Duman çıkmaya başlayana kadar tahtayı önceden ısıtın. Tahtayı ters çevirin ve dolaylı ısıya taşıyın. Köfteleri tahtaya dizin ve ızgara kapağını kapatın. Köftelerin her tarafı kızarıncaya kadar yaklaşık 10 dakika ızgara yapın.

e) Her köftenin üzerine yaklaşık 1 yemek kaşığı (15 gr) marinara sosunu kaşıkla dökün. (Kullanılmayan marinarayı ileride kullanmak üzere veya tam bir yemek için spagettiyi kaplamak üzere ayırın.) Izgara kapağını kapatın ve yaklaşık 5 dakika ızgara yapın.

f) Köftelerin üzerine Parmesan serpip ızgara kapağını kapatın. Peynir eriyene kadar 5 dakika daha ızgarada tutun. Köftenin ortasına yerleştirilen anında okunan termometrenin sıcaklığı 71°C (160°F) olmalıdır. İstenirse üzerine daha fazla Parmesan serpilir ve pişmiş spagetti ile servis edilir.

33.Izgara karides

İÇİNDEKİLER:

- 1 kiloluk büyük karides, soyulmuş ve ayrılmış
- 2 yemek kaşığı zeytinyağı
- 2 diş sarımsak, kıyılmış
- 1 yemek kaşığı taze limon suyu
- 1 çay kaşığı kırmızı biber
- ½ çay kaşığı tuz
- ¼ çay kaşığı karabiber
- Tahta veya metal şişler
- İsteğe bağlı: Garnitür için taze otlar (maydanoz veya kişniş gibi)

TALİMATLAR:

a) Tahta şiş kullanıyorsanız ızgarada yanmasını önlemek için şişleri 30 dakika kadar suda bekletin.
b) Bir kapta zeytinyağını, kıyılmış sarımsağı, limon suyunu, kırmızı biberi, tuzu ve karabiberi birleştirerek marineyi hazırlayın.
c) Soyulmuş ve kabuğu çıkarılmış karidesleri marineye ekleyin, her karidesin iyice kaplandığından emin olun . Yaklaşık 15 dakika kadar marine olmasına izin verin.
ç) Izgaranızı orta-yüksek ateşte önceden ısıtın.
d) Marine edilmiş karidesleri şişlerin üzerine geçirin ve her bir karidesin üst ve alt kısmını delerek yerinde kalmasını sağlayın.
e) Karides şişlerini ızgaraya yerleştirin ve her iki tarafını da yaklaşık 2-3 dakika veya karidesler pembeleşip opaklaşana kadar pişirin.
f) Şişleri ızgaradan çıkarın ve karidesleri bir dakika dinlendirin.
g) İstenirse taze otlarla süsleyin.

34.Portakal-Miso Sırlı Planklı Halibut

İÇİNDEKİLER:

- 2 yemek kaşığı (40 gr) portakal marmelatı
- 2 yemek kaşığı (34 gr) beyaz veya sarı miso
- 1 çay kaşığı susam yağı
- 1 çay kaşığı soya sosu
- 1 çay kaşığı mirin
- 1 çay kaşığı rendelenmiş soyulmuş taze zencefil
- 4 (8 ons veya 225 g) pisi balığı filetosu
- Süslemek için kavrulmuş susam

TALİMATLAR:

a) Süslemek için ince kıyılmış taze soğanın beyaz ve yeşil kısımları
b) Izgara yapmayı planlamadan önce bir sedir tahtasını en az 1 saat suda bekletin.
c) Kömürlerin üzerinde ızgara ızgarası bulunan bir kömür ızgarasında orta sıcaklıkta iki bölgeli bir ateş hazırlayın.
ç) Küçük bir kapta marmelat, miso, susam yağı, soya sosu, mirin ve zencefili birleşene kadar çırpın.
d) iyice kurulayın ve filetoları cömertçe sırla fırçalayın.
e) Duman çıkmaya başlayana kadar tahtayı önceden ısıtın. Tahtayı ters çevirin ve dolaylı ısının üzerinde hareket ettirin. Halibutu tahtaya yerleştirin ve ızgara kapağını kapatın.
f) Etin en kalın kısmına yerleştirilen anında okunan termometre 130°F ila 135°F (54°C ila 57°C) sıcaklığa ulaşana kadar 15 ila 20 dakika ızgara yapın. (Filetolarınızın kalınlığına göre pişme süresi birkaç dakika değişebilir.)
g) Servis yapmadan önce susam ve taze soğanla süsleyin.

35.Barbekü kaburga

İÇİNDEKİLER:
- 2 raf bebek sırt kaburgası
- ¼ bardak esmer şeker
- 1 yemek kaşığı kırmızı biber
- 1 çay kaşığı sarımsak tozu
- 1 çay kaşığı soğan tozu
- 1 çay kaşığı tuz
- ½ çay kaşığı karabiber
- 1 bardak barbekü sosu (favori markanız)
- İsteğe bağlı: Servis için ilave barbekü sosu

TALİMATLAR:
a) Izgaranızı orta ateşte önceden ısıtın.
b) Küçük bir kapta esmer şekeri, kırmızı biberi, sarımsak tozunu, soğan tozunu, tuzu ve karabiberi kuru ovma yapmak için karıştırın.
c) Kaburgaları bir fırın tepsisine veya tepsiye yerleştirin ve kuru ovalamayı kaburgaların her yerine cömertçe sürün ve eşit şekilde kaplayın.
ç) Izgara ısıtıldıktan sonra kaburgaları kemik tarafı aşağı gelecek şekilde ızgara ızgaralarının üzerine yerleştirin.
d) Kapağı kapatın ve kaburgaları yaklaşık 2-3 saat veya yumuşayana ve et kemiklerden ayrılmaya başlayana kadar ızgarada pişirin. Pişirme sırasında kaburgaları ara sıra çevirin.
e) Izgaranın son 10 dakikasında barbekü sosunu kaburgaların üzerine fırçalayın ve eşit şekilde kaplayın.
f) Kaburgaları ızgaradan çıkarın ve birkaç dakika dinlendirin.
g) Kaburgaları ayrı porsiyonlara kesin.
ğ) İstenirse Barbekü Kaburgalarını yanında ilave Barbekü sosuyla servis edin.

36.Tahta Üzerinde Pastırmayla Sarılmış Köfte

İÇİNDEKİLER:

- 2 yemek kaşığı (28 gr) tereyağı
- ⅓ su bardağı (53 gr) kıyılmış soğan
- ⅓ bardak (37 g) kıyılmış havuç
- ⅓ bardak (50 gr) kıyılmış dolmalık biber, herhangi bir renk
- 2 diş sarımsak, kıyılmış
- 6 ince pastırma dilimi
- 2 büyük yumurta, dövülmüş
- 1 yemek kaşığı (15 ml) Worcestershire sosu
- 1 yemek kaşığı (6 gr) öğütülmüş karabiber
- 2 çay kaşığı koşer tuzu
- 1 çay kaşığı füme kırmızı biber
- ½ su bardağı (78 gr) eski usul yulaf ezmesi
- En sevdiğiniz barbekü sosundan ½ bardak (125 g) ve üzerini kaplamak için daha fazlası
- 1 pound (454 g) öğütülmüş mandren
- 1 pound (454 g) toplu hafif İtalyan sosisi

TALİMATLAR:
a) Izgara yapmayı planlamadan önce meşe veya sedir ağacını en az 1 saat suda bekletin.
b) Kömür ızgarasında orta sıcaklıkta iki bölgeli bir ateş hazırlayın veya tercihen ızgaranız yeterince büyükse, kömürlerin üzerinde ızgara ızgarası olan üç bölgeli bir ateş hazırlayın.
c) Ocakta, orta-yüksek ateşte orta boy bir tavada tereyağını eritin. Soğanı, havucu ve dolmalık biberi ekleyin. Birleştirmek için karıştırın. Soğan yarı saydam oluncaya ve havuç yumuşayana kadar 6 ila 8 dakika pişirin. Sarımsakları karıştırın. Kokusu çıkana kadar yaklaşık 1 dakika pişirin. Ateşten alın ve bir kenara koyun.
ç) Bir somun tavasını parşömen kağıdıyla hizalayın. Pastırmayı ekmek tavası boyunca çapraz bir desenle örtün ve uçlarını kenardan sarkacak şekilde bırakın.
d) Büyük bir kapta yumurtaları, Worcestershire'ı, biberi, tuzu, kırmızı biberi, yulafı, barbekü sosunu ve pişmiş sebzeleri birleştirin. Öğütülmüş mandreni ve İtalyan sosisini ekleyin. Malzemeleri bir araya gelinceye kadar elle birlikte çalışın (fazla karıştırmaktan kaçının).
e) Izgara yapmayı planlamadan önce meşe veya sedir ağacını en az 1 saat suda bekletin.
f) Kömür ızgarasında orta sıcaklıkta iki bölgeli bir ateş hazırlayın veya tercihen ızgaranız yeterince büyükse, kömürlerin üzerinde ızgara ızgarası olan üç bölgeli bir ateş hazırlayın.
g) Ocakta, orta-yüksek ateşte orta boy bir tavada tereyağını eritin. Soğanı, havucu ve dolmalık biberi ekleyin. Birleştirmek için karıştırın.
ğ) Soğan yarı saydam oluncaya ve havuç yumuşayana kadar 6 ila 8 dakika pişirin. Sarımsakları karıştırın. Kokusu çıkana kadar yaklaşık 1 dakika pişirin. Ateşten alın ve bir kenara koyun.
h) Bir somun tavasını parşömen kağıdıyla hizalayın. Pastırmayı ekmek tavası boyunca çapraz bir desenle örtün ve uçlarını kenardan sarkacak şekilde bırakın.
ı) Büyük bir kapta yumurtaları, Worcestershire'ı, biberi, tuzu, kırmızı biberi, yulafı, barbekü sosunu ve pişmiş sebzeleri birleştirin. Öğütülmüş mandreni ve İtalyan sosisini ekleyin. Malzemeleri bir araya gelinceye kadar elle birlikte çalışın (fazla karıştırmaktan kaçının).

i) (Bu aşamada, tatmak ve isterseniz baharatları ayarlamak için tavada karışımdan bir kaşık dolusu pişirebilirsiniz. Bu isteğe bağlı bir adımdır ancak barbekü sosunuzun tarifle nasıl çalıştığını bilmek istiyorsanız faydalıdır.)

j) Köfte karışımını hazırladığınız somun tavasına dökün ve pastırma uçlarını köftenin üzerine katlayın.

k) Duman çıkmaya başlayana kadar tahtayı önceden ısıtın. Bir çift ısıya dayanıklı eldiven giyin, tahtayı ters çevirin ve kızarmış tarafı somun tavanızın üzerine yerleştirin. Daha sonra, tahtayı ve tavayı birbirlerine sıkı olacak şekilde tutarak, her ikisini de ters çevirin ve ızgaranın dolaylı ısıtmalı tarafına yerleştirin. Tavayı dikkatlice köfteden kaydırın (gerekirse size yardımcı olması için parşömen kullanın) ve parşömeni atın. Izgara kapağını kapatın. Pastırmanın kenarları gevrek ve kahverengi olana ve köfte bir kabuk oluşturana kadar yaklaşık 30 dakika ızgara yapın.

l) Köftenin üst kısmına biraz daha barbekü sosu sürün ve ızgara kapağını kapatın. Köftenin ortasına yerleştirilen anında okunan termometre 155°F (68°C) sıcaklığa ulaşana kadar 20 ila 30 dakika daha ızgaraya devam edin. (İki bölgeli bir ateşiniz varsa, eşit pişirme için tahtayı bu yarı noktada 180 derece döndürün.)

m) Dilimleyip servis yapmadan önce köfteyi 10 dakika dinlendirin.

37.Şeftali ve Prosciutto Planklı Pizza

İÇİNDEKİLER:
- 1 pound (454 g) Ev Yapımı Pizza Hamuru veya mağazadan satın alınan pizza hamuru
- 1 çay kaşığı zeytinyağı
- 1 çay kaşığı balzamik sirke
- Kaşer tuzu
- Öğütülmüş karabiber
- 1 ila 1½ şeftali, çekirdekleri çıkarılmış, yarıya bölünmüş ve ½ inç (1 cm) dilimler halinde kesilmiş
- Buğulanma için zeytinyağı pişirme spreyi
- Tozunu almak için iri öğütülmüş mısır unu
- 2 su bardağı (230 gr) rendelenmiş mozzarella peyniri
- 6 ince dilim prosciutto, parçalara ayrılmış
- ¼ kırmızı soğan, ince dilimlenmiş
- ½ su bardağı (75 gr) ufalanmış keçi peyniri
- Bir avuç ince dilimlenmiş taze fesleğen

TALİMATLAR:

a) Izgara yapmayı planlamadan önce iki akçaağaç veya kızılağaç tahtasını en az 1 saat suda bekletin.

b) Soğutulmuş pizza hamurunu en az 30 dakika oda sıcaklığına getirin.

c) Kömürlerin üzerinde ızgara ızgarası bulunan bir kömür ızgarasında orta sıcaklıkta iki bölgeli bir ateş hazırlayın.

ç) Küçük bir kapta zeytinyağını, sirkeyi ve birer tutam tuz ve karabiberi iyice karışana kadar çırpın. Şeftali dilimlerini ekleyin ve kaplayın. İhtiyaç duyulana kadar bir kenara koyun.

d) Hamuru ikiye bölün ve her parçayı uzun, pürüzsüz bir silindir haline getirin. Her silindiri tahtanızın boyutunda bir dikdörtgen şeklinde yuvarlayın (ipucuna bakın). Hamurun her yerine çatalla delik açın ve yüzeye pişirme spreyi sıkın.

e) İlk tahtayı duman çıkmaya başlayana kadar önceden ısıtın. Tahtayı ters çevirin ve dolaylı ısının üzerinde hareket ettirin. Yüzeye bir avuç mısır unu serpin (hamurun yapışmasını önlemek için). İlk hamuru yağlı tarafı aşağı gelecek şekilde tahtanın üzerine yerleştirin ve üstüne pişirme spreyi sıkın. Izgara kapağını kapatın. Hafifçe kızarana ve hafif gevrekleşinceye kadar 5 ila 7 dakika ızgara yapın.

f) Hızla çalışarak, mozarellanın yarısını kabuğa (kenarlara kadar) yayın, ardından prosciutto, soğan, şeftali ve keçi peynirinin her birinin yarısını yayın. Izgara kapağını kapatın. Peynir altın renginde ve kabarcıklı hale gelinceye ve üst malzemeler ısınıncaya kadar 5 ila 7 dakika ızgara yapmaya devam edin.

g) Servis yapmadan önce pizzayı fesleğenle süsleyin. İkinci pizzayı yapmak için işlemi ikinci tahtayla tekrarlayın.

38.Limonlu Bitki Tereyağlı Izgara Istakoz Kuyrukları

İÇİNDEKİLER:
BİTKİ TEREYAĞI İÇİN
- 8 yemek kaşığı (1 çubuk veya 112 g) tereyağı, oda sıcaklığında
- ¼ bardak (ağırlık değişir) kıyılmış taze otlar
- 2 yemek kaşığı (20 gr) kıyılmış sarımsak
- 1 çay kaşığı limon kabuğu rendesi
- 1 çay kaşığı taze limon suyu

ISTAKOZLAR İÇİN
- 4 (8 ons veya 225 g) ıstakoz kuyruğu
- Buğulanma için zeytinyağı pişirme spreyi
- Kaşer tuzu
- Öğütülmüş karabiber
- Servis için limon dilimleri

TALİMATLAR:
a) Kömürlerin üzerinde ızgara ızgarası bulunan bir kömür ızgarasında orta, tek seviyeli bir ateş hazırlayın.

b) BİTKİ TEREYAĞINI HAZIRLAMAK İÇİN: Küçük bir kapta, bir çatal kullanarak tereyağını, otları, sarımsağı, limon kabuğu rendesini ve limon suyunu iyice birleşene kadar ezin ve karıştırın. İhtiyaç duyulana kadar bir kenara koyun.

c) Istakoz kuyruklarını kelebeklemek için:

ç) 1. Her bir ıstakoz kuyruğunu kabuk tarafı yukarı bakacak şekilde bir kesme tahtası üzerine yerleştirin. Ağır hizmet tipi mutfak makası kullanarak, alt bıçağı kabuğun hemen altına hizalayın ve kuyruğun tabanında durarak ortadan uzunlamasına kesin. (Kuyruk yüzgeci sağlam kalmalıdır.)

d) 2. Eti bölmek için bir bıçakla aynı çizgi boyunca kesin, dibine kadar dilimlemeden hemen önce durun.

e) 3. Istakozun kuyruğunu ters çevirin ve yatay dikenleri kuyruğun ortasından aşağıya doğru makasınızla kesin. Eğer yüzgeç benzeri küçük bacaklar (yüzücüler) takılıysa, bunları kesip atın.

f) 4. Istakoz kuyruğunu tekrar çevirin ve eti ayırmak ve ortaya çıkarmak için kitap gibi açın.

g) Eti pişirme spreyi ile yağlayın ve tuz ve karabiberle tatlandırın. Istakoz kuyruklarını et tarafı aşağı bakacak şekilde ızgaraya yerleştirin ve ızgara kapağını kapatın. Hafifçe kömürleşene kadar 5 ila 7 dakika ızgara yapın.

ğ) Istakozları kabuklarının üzerine çevirin ve ıstakoz başına yaklaşık 2 yemek kaşığı (28 g) kullanarak etini bileşik tereyağıyla cömertçe fırçalayın.

h) Izgara kapağını kapatın ve et opak ve dokunulduğunda sertleşene ve ıstakoz kayıtlarına anında okunan bir termometre 135°F (57°C) yerleştirilene kadar yaklaşık 5 dakika ızgara yapın.

ı) Istakoz kuyruklarını, yanında limon dilimleri ile servis edin.

39.Izgarada Yüklü Nachos

İÇİNDEKİLER:
- ½ bardak (68 g) Jalapeno Turşusu
- 1 su bardağı (149 gr) üzüm domates
- 2 kulak mısır, ayıklanmış
- Buğulanma için zeytinyağı pişirme spreyi
- 1 (12 ons veya 340 g) torba tortilla cipsi
- 2 su bardağı (225 gr) rendelenmiş keskin kaşar peyniri
- 2 su bardağı (225 gr) rendelenmiş biber Jack peyniri
- 1 kutu (15 ons veya 425 g) siyah fasulye, durulanmış ve suyu süzülmüş
- 1 avokado, çekirdekleri çıkarılmış ve küçük zarlar halinde kesilmiş
- 3 yeşil soğanın beyaz ve yeşil kısımları, ince dilimlenmiş
- ½ bardak (8 gr) doğranmış taze kişniş
- Süslemek için ekşi krema

TALİMATLAR:
a) Nacho yapmayı planlamanızdan en az bir gün önce jalapeno turşusu yapın.

b) Kömürlerin üzerinde ızgara ızgarası bulunan bir kömür ızgarasında orta sıcaklıkta tek seviyeli bir ateş hazırlayın.

c) Domatesleri şişlere geçirin. Domatesleri ve mısırları pişirme spreyi ile hafifçe püskürtün, ızgaraya yerleştirin ve ızgara kapağını kapatın. Domatesler yumuşayana ve hafifçe kabarıncaya kadar, yaklaşık 5 dakika, mısırın her tarafı kömürleşip yumuşayana kadar, ara sıra çevirerek yaklaşık 15 dakika ızgara yapın. Bir kesme tahtasına aktarın. Domatesleri şişlerden çıkarın ve mısırın çekirdeklerini kesin.

ç) Nachoları yarım sayfalık bir tavaya birleştirin. Tortilla cipslerini tavaya eşit şekilde yayarak başlayın. Ardından Cheddar peyniri, biber Jack, domates, mısır, fasulye, avokado, salamura jalapeno ve yeşil soğanın yarısını cipslerin üzerine serpin. Kalan malzemelerle katmanları tekrar tekrarlayın.

d) Sac tavayı ızgaraya yerleştirin ve ızgara kapağını kapatın. Peynirler eriyene kadar yaklaşık 5 dakika ızgara yapın.

e) Servis yapmadan önce kişnişleri nachosların üzerine serpin ve ekşi kremayla süsleyin.

DİĞER ŞEBEKELER

40.Sarımsaklı Somon

İÇİNDEKİLER:
- 2 yemek kaşığı (28 gr) tereyağı
- 6 diş sarımsak, doğranmış
- 2 yemek kaşığı (30 ml) kuru beyaz şarap
- 1 yemek kaşığı (15 ml) taze limon suyu
- Alüminyum folyoyu hazırlamak için zeytinyağı pişirme spreyi
- 1 (1½ ila 2 pound veya 681 ila 908 g) somon tarafı
- Kaşer tuzu
- Öğütülmüş karabiber
- 1 limon, çapraz olarak ikiye bölünmüş
- Süslemek için ince kıyılmış taze maydanoz

TALİMATLAR:
a) Bir ateş çukurunda veya kömür ızgarasında, kömürlerin üzerinde ızgara ızgarası bulunan, orta-sıcak, tek seviyeli bir ateş hazırlayın.

b) Ocakta, orta ateşte küçük bir tencerede tereyağını eritin. Sarımsağı ekleyin. Kokusu çıkana kadar 1 ila 2 dakika pişirin. Beyaz şarap ve limon suyunu karıştırın. Sosu kaynatın, 1 dakika pişirin ve ocaktan alın.

c) Ağır hizmet tipi bir alüminyum folyo tabakasını ölçün (en az 18 inç veya 45 cm uzunluğunda veya somonu saracak kadar uzun) ve yüzeye hafifçe pişirme spreyi sıkın.

ç) Somonu kağıt havluyla kurulayın ve hazırlanan folyo kağıdın ortasına yerleştirin. Sosu eşit şekilde üstüne dökün ve tuz ve karabiberle tatlandırın. Folyoyu katlayıp bir pakete kapatın.

d) Paketi ızgaraya yerleştirin. Eşit pişirme için paketi her 3 ila 5 dakikada bir çevirerek 10 ila 12 dakika ızgara yapın. (Somonunuzun kalınlığına göre pişme süresi birkaç dakika değişebilir.) Folyo paketini bir fırın tepsisine aktarın ve açarken dikkatli olun çünkü paket buharla dolacaktır. Somon, etin bir çatalla kolayca pul pul dökülmesi ve etin en kalın kısmına yerleştirilen anında okunan bir termometrenin 120°F ila 125°F (49°C ila 52°C) sıcaklığı kaydetmesi durumunda yapılır.

e) Limon yarımlarını pişirme spreyi ile hafifçe püskürtün ve kesik tarafı aşağı bakacak şekilde ızgaraya yerleştirin. Kenarları kömürleşene kadar yaklaşık 5 dakika ızgara yapın. Somonun üzerine limon sıkın ve bir tutam maydanozla süsleyin. Somon ailesi tarzında servis yapın veya kaplama için ayrı porsiyonlara bölün.

41.Füme Sosis, Çıtır Fasulye ve Patates

İÇİNDEKİLER:

- 1 pound (454 g) füme andouille sosisi, ½ inç (1 cm) dilimler halinde kesilmiş
- 1 pound (454 g) bebek patates, dörde bölünmüş
- 8 ons (225 g) fasulye, kesilmiş ve yarıya bölünmüş
- 8 ons (225 g) cremini mantarı, dörde bölünmüş
- 1 sarı soğan, doğranmış
- 2 yemek kaşığı (30ml) zeytinyağı
- 4 çay kaşığı (10 g) Cajun Creole Baharat Karışımı (tarifi aşağıdadır)
- Alüminyum folyoyu hazırlamak için zeytinyağı pişirme spreyi
- 4 yemek kaşığı (½ çubuk veya 56 g) tereyağı, küçük parçalar halinde kesilmiş
- Süslemek için bir avuç kıyılmış taze maydanoz

TALİMATLAR:

a) Kömürlerin üzerinde ızgara ızgarası bulunan bir ateş çukurunda veya kömür ızgarasında tek seviyeli sıcak bir ateş hazırlayın.

b) Büyük bir kapta sosis, patates, fasulye, mantar ve soğanı birleştirin. Üzerine zeytinyağı gezdirin ve baharat karışımını serpin. Ceketini fırlat.

c) Dört adet ağır hizmet tipi alüminyum folyoyu (en az 14 inç veya 35 cm uzunluğunda) ölçün ve her bir yaprağın yüzeyine pişirme spreyi sıkın.

ç) Sosis-sebze karışımını hazırlanan folyo tabakalarına eşit şekilde paylaştırın ve ortadaki bir tümseğe yığın. Her tümseğin üzerine birkaç parça tereyağı dağıtın ve folyoyu katlayıp paketler halinde kapatın.

d) Paketleri ızgaraya yerleştirin. Eşit pişirme için paketleri her 10 dakikada bir çevirerek yaklaşık 35 dakika ızgara yapın. Folyo paketleri bir tepsiye aktarın ve açarken dikkatli olun çünkü paketler buharla dolacaktır. Patatesler çatalla kolayca delindiğinde sebzeler pişmiş demektir.

e) Servis yapmadan önce her paketi bir tutam maydanozla süsleyin.

42.Otlu Tahta Soslu Kızartılmış Kaburga Biftek

İÇİNDEKİLER:
SOSU İÇİN
- 1 arpacık soğanı, dilimlenmiş
- ½ su bardağı (30 gr) paketlenmiş taze maydanoz
- 2 yemek kaşığı (6 gr) doğranmış taze frenk soğanı
- 4 dal kekik, yaprakları soyulmuş
- 2 diş sarımsak, dilimlenmiş
- Kaşer tuzu
- Öğütülmüş karabiber
- Üzerine serpmek için zeytinyağı

Biftekler İçin
- 2 (1 pound veya 454 g, 1 ila 1½ inç veya 2 ila 3,5 cm kalınlığında) kaburga eti biftek
- Kaşer tuzu
- Öğütülmüş karabiber

TALİMATLAR:
a) Kömürlerin üzerinde ızgara bulunan bir ateş çukurunda iki bölgeli sıcak bir ateş hazırlayın.

SOSU HAZIRLAMAK İÇİN:
b) Büyük bir kesme tahtasının ortasına arpacık soğanı, maydanoz, frenk soğanı, kekik yaprağı ve sarımsağı yerleştirin. Tatları birbirine karıştırmak için bıçağınızı kullanarak kazıyın ve birleştirin. Bol miktarda tuz ve karabiber serpin. Üzerine zeytinyağı gezdirin ve aromatik maddeleri ve bitkileri bıçağınızın ucuyla karıştırın. İhtiyaç duyulana kadar bir kenara koyun.

Biftekleri hazırlamak için:
c) Biftekleri her iki tarafını da tuz ve karabiberle cömertçe baharatlayın.

ç) Biftekleri doğrudan ateşte düzenleyin. 4 ila 5 dakika boyunca rahatsız edilmeden ızgara yapın. Damlayan yağ alevlenmelere neden olabileceğinden bifteğe dikkat edin. Gerekirse bunları ızgaranın daha soğuk tarafına taşımaya hazır olun. Alevler söndükten sonra, pişirmeyi tamamlamak için biftekleri tekrar doğrudan ısıya getirin.

d) Biftekleri çevirin ve etin en kalın kısmına yerleştirilen anında okunan termometre, orta-az pişmiş için 52°C'ye ulaşana kadar 4 ila 5 dakika daha ızgara yapın.

SOSU BİTİRMEK İÇİN:

e) Biftekleri kesme tahtasına aktarın ve aromatiklerin ve bitkilerin üzerine yerleştirin.

f) Isının tatları yoğunlaştırması için 5 dakika dinlendirin. Biftekleri tahıllara karşı dilimleyin. Maşa kullanarak biftekleri otlu sosla karıştırın.

g) Eşit porsiyonlara bölüp servis yapın.

43.Kızılcık Soslu Otlarla Kavrulmuş Hindi

İÇİNDEKİLER:
- 12-15 pound (5,4-6,8 kg) bütün hindi, dondurulmuşsa çözülmüş
- ½ bardak tuzsuz tereyağı, eritilmiş
- Kıyılmış taze otlar (biberiye, kekik ve adaçayı gibi)
- Tuz ve biber
- Kızılcık sosu

TALİMATLAR:
a) Fırınınızı 325°F'ye (165°C) önceden ısıtın.
b) Hindiyi soğuk su altında durulayın ve kağıt havluyla kurulayın.
c) Hindiyi bir kızartma tavasındaki rafa yerleştirin.
ç) Küçük bir kapta eritilmiş tereyağını, doğranmış otları, tuzu ve karabiberi karıştırın.
d) Bitkisel tereyağı karışımını hindinin her tarafına fırçalayın ve eşit şekilde kapladığından emin olun.
e) Hindiyi önceden ısıtılmış fırında, hindinizin ağırlığına göre pişirme süresi talimatlarını takip ederek kızartın. Genellikle hindinin pound başına yaklaşık 13-15 dakika (kilogram başına 30-35 dakika) pişirilmesi tavsiye edilir. Hindinin en kalın kısmının iç sıcaklığının 74°C'ye (165°F) ulaştığından emin olmak için bir et termometresi kullanın.
f) Pişirdikten sonra hindiyi fırından çıkarın ve 20-30 dakika dinlendirdikten sonra dilimleyip kızılcık sosuyla servis yapın.

44.Ananas Kompostolu Bal Sırlı Jambon

İÇİNDEKİLER:
- 1 tam pişmiş kemikli jambon (8-10 pound)
- 1 bardak bal
- ½ su bardağı esmer şeker
- ¼ bardak Dijon hardalı
- 2 yemek kaşığı elma sirkesi
- Garnitür için bütün karanfiller
- Baharatlı Ananas Kompostosu

TALİMATLAR:
a) Fırınınızı jambonun paketindeki talimatlara göre önceden ısıtın.
b) Jambonu büyük bir kızartma tavasındaki kızartma rafına yerleştirin.

c) Küçük bir tencerede bal, esmer şeker, Dijon hardalı ve elma sirkesini birleştirin. Karışımı orta ateşte ısıtın, malzemeler iyice birleşene ve şeker eriyene kadar karıştırın.
ç) Jambon yüzeyini keskin bir bıçakla baklava deseninde çizin.
d) Bu sırın ete nüfuz etmesine yardımcı olacaktır.
e) Sırın yaklaşık yarısını jambon yüzeyinin her yerine fırçalayın ve çiziklerin içine girdiğinden emin olun.
f) Daha fazla lezzet ve dekoratif bir dokunuş için bütün karanfilleri jambonun içine yerleştirin.
g) Jambonu önceden ısıtılmış fırında paket talimatlarına göre, genellikle pound başına yaklaşık 15-20 dakika veya iç sıcaklık 60°C'ye (140°F) ulaşana kadar pişirin.
ğ) Jambon pişmeden yaklaşık 15 dakika önce , kalan kremayı jambonun yüzeyine fırçalayın.
h) Pişirdikten sonra jambonu fırından çıkarın ve dilimlemeden önce birkaç dakika dinlendirin.
ı) Baharatlı Ananas Kompostosu ile servis yapın.

BAHÇE TAZE SALATALAR

45.Izgara Panzanella

İÇİNDEKİLER:
SALATA İÇİN
- 1 pound (454 gr) karışık domates
- 1 çay kaşığı koşer tuzu ve baharat için daha fazlası
- 2 kabak, uzunlamasına ikiye bölünmüş
- 2 dolmalık biber, herhangi bir renk veya karışım, kesilmiş, çekirdekleri çıkarılmış ve uzunlamasına ikiye bölünmüş
- 1 küre patlıcan, çapraz olarak 2,5 cm (1 inç) dilimler halinde kesilmiş
- 1 kırmızı soğan, çapraz olarak 2,5 cm (1 inç) dilimler halinde kesilmiş
- Sebzeleri hazırlamak için zeytinyağı pişirme spreyi
- Öğütülmüş karabiber
- 1 somun esnaf ekmeği, yatay olarak ikiye bölünmüş (büyük bir sandviç gibi)
- ½ bardak (18 gr) paketlenmiş taze fesleğen yaprağı, doğranmış

GİYDİRME İÇİN
- ½ su bardağı (120 ml) zeytinyağı
- 2 yemek kaşığı (18 gr) kapari, süzülmüş
- 2 diş sarımsak, kıyılmış
- 2 yemek kaşığı (30 ml) kırmızı şarap sirkesi
- 1 yemek kaşığı (15 gr) Dijon hardalı
- ½ çay kaşığı koşer tuzu
- ¼ çay kaşığı öğütülmüş karabiber

TALİMATLAR:
SALATA HAZIRLAMAK İÇİN:
a) Kömürlerin üzerinde ızgara ızgarası olan bir ateş çukurunda orta sıcaklıkta tek seviyeli bir ateş hazırlayın.
b) Domatesleri ikiye bölün (çeri domates kullanıyorsanız) veya ½ inç (1 cm) dilimler halinde kesin (domates dilimliyorsanız). Domatesleri salatayı alacak büyüklükte bir kaseye koyun. Domatesleri tuzla birlikte atın. Bir kenara koyun.
c) Kabağı, dolmalık biberi, patlıcanı ve kırmızı soğanı pişirme spreyi ile yağlayın. Her iki tarafını da tuz ve karabiberle tatlandırın.

ç) Sebzeleri ızgaraya dizin. Her tarafı 4 ila 6 dakika, yumuşayana ve hafifçe kömürleşene kadar ızgara yapın. Bittiğinde her sebzeyi çıkarın ve bir kesme tahtasına aktarın.

d) Ekmek yarımlarının her iki tarafını da pişirme spreyi ile buğulayın. Ekmeği ızgaranın üzerine dizin. Kahverengi ve çıtır olana kadar, her tarafı 30 saniye ila 1 dakika arasında ızgara yapın.

e) Izgara sebzeleri lokma büyüklüğünde doğrayıp domates kasesine ekleyin.

f) Ekmeği 2,5 cm'lik (1 inç) parçalar halinde kesin. 6 su bardağı (225 gr) ekmeği fesleğenle birlikte kaseye ekleyin ve karıştırın. (Kalan ekmeği başka bir kullanım için ayırın.)

PANSUMANIN YAPILMASI İÇİN:

g) Küçük bir kapta zeytinyağı, kapari, sarımsak, sirke, hardal, tuz ve karabiberi iyice karışana kadar çırpın. Sosun dörtte üçünü salatanın üzerine dökün ve kaplayın.

ğ) Ekmeğin sos ve sebzelerdeki tüm lezzetleri emmesi için salatayı en az 15 dakika bekletin. İsterseniz tadın ve daha fazla sos ekleyin.

46.Kavrulmuş Nohut ve Narlı Pirinç Salatası

İÇİNDEKİLER:
- 1 x 400g konserve nohut, süzülmüş
- Hafif pişirme sprey yağı, zeytinyağı
- 150 gr yabani pirinç, basmati veya uzun taneli pirinç
- 1 çay kaşığı öğütülmüş kimyon
- 120 gr karışık salata yaprakları
- 20cm salatalık, doğranmış
- 1 kırmızı veya sarı biber, dilimlenmiş
- 4 adet taze soğan, ince dilimlenmiş
- 80 gr nar taneleri

GİYDİRME İÇİN:
- 4 yemek kaşığı beyaz şarap sirkesi
- 2 yemek kaşığı zeytinyağı
- ½ portakal, sadece meyve suyu

TALİMATLAR:
a) Fırını önceden 210°C/Fanlı 190°C'ye ısıtın.
b) Kavrulmuş nohutu hazırlamak için nohutları soğuk akan su altında durulayın. Temiz bir çay havlusu veya kağıt mutfak rulosuyla kurulayın. Daha sonra bunları fırın tepsisine eşit şekilde yayın ve sprey yağla kaplayın. 20-30 dakika kavurmadan önce, eşit şekilde kaplandıklarından emin olmak için yavaşça karıştırın; eşit şekilde pişirmek için 10 dakika sonra yavaşça tekrar karıştırın .
c) Bu arada pirinci paketteki talimatlara göre pişirin; pişirme suyuna tuz eklemenize gerek yoktur . Salatayı hazırlamadan önce süzün ve soğumaya bırakın.
ç) Nohutlar altın renginde ve hafif çıtır hale gelince fırından çıkarın, üzerine kimyon serpin ve fırlatın.
d) Pansuman malzemelerini Tupperware tenceresi veya reçel kavanozu gibi sıkı kapatılmış bir tencereye ekleyin. Kapağı güvenli bir şekilde kapatın ve kuvvetlice sallayın.
e) Salata yapraklarını pirinç ve diğer sebzelerle karıştırın. Daha sonra salçayı ekleyip tekrar karıştırın.
f) Üzerine kavrulmuş nohut ve nar serpip servis yapın.

47.Akdeniz Kinoa Salatası

İÇİNDEKİLER:

- 2 su bardağı pişmiş kinoa, soğutulmuş
- 1 su bardağı kiraz domates, ikiye bölünmüş
- 1 bardak salatalık, doğranmış
- 1/2 bardak kırmızı soğan, ince doğranmış
- 1/2 bardak Kalamata zeytini, çekirdekleri çıkarılmış ve dilimlenmiş
- 1/2 su bardağı ufalanmış beyaz peynir
- 1/4 su bardağı taze maydanoz, doğranmış
- 3 yemek kaşığı zeytinyağı
- 1 yemek kaşığı limon suyu
- Tatmak için biber ve tuz

TALİMATLAR:

a) Büyük bir kapta pişmiş kinoa, çeri domates, salatalık, kırmızı soğan, Kalamata zeytini ve ufalanmış beyaz peyniri birleştirin.

b) Sosu hazırlamak için küçük bir kasede zeytinyağı, limon suyu, tuz ve karabiberi çırpın.

c) Sosu salatanın üzerine dökün ve her şey iyice kaplanana kadar karıştırın.

ç) Servis yapmadan önce taze maydanozla süsleyin.

48.Şeftali ve Burrata Salatası

İÇİNDEKİLER:
- 4 adet olgun şeftali, dilimlenmiş
- 8 oz burrata peyniri
- Bir avuç roka veya karışık yeşillik
- 1/4 bardak fesleğen yaprağı, yırtılmış
- 2 yemek kaşığı zeytinyağı
- 1 yemek kaşığı balzamik sır
- Tatmak için tuz ve taze çekilmiş karabiber
- İsteğe bağlı: çıtırlık için kızarmış çam fıstığı veya badem

TALİMATLAR:
a) Rokayı veya karışık yeşillikleri geniş bir servis tabağına dizin.
b) Dilimlenmiş şeftalileri yeşilliklerin üzerine dağıtın.
c) Burrata'yı parçalara ayırın ve salatanın üzerine dağıtın.
ç) Zeytinyağı ve balzamik sırla gezdirin.
d) Tuz ve karabiberle tatlandırın.
e) Yırtık fesleğen yapraklarıyla süsleyin ve istenirse daha fazla doku için bir tutam kızarmış fındık serpin.
f) Tatlı şeftalilerle burratanın kremsi tazeliğinin tadını çıkararak hemen servis yapın .

49.Karpuz, Beyaz Peynir ve Nane Salatası

İÇİNDEKİLER:
- 4 bardak küp şeklinde karpuz, soğutulmuş
- 1 su bardağı beyaz peynir, ufalanmış
- 1/2 bardak taze nane yaprağı, kabaca yırtılmış
- 2 yemek kaşığı zeytinyağı
- 1 yemek kaşığı limon suyu
- Tatmak için tuz ve öğütülmüş karabiber
- İsteğe bağlı: Ekstra çıtırlık için ince dilimlenmiş kırmızı soğan veya salatalık

TALİMATLAR:

a) Büyük bir kapta kuşbaşı karpuz, ufalanmış beyaz peynir ve yırtılmış nane yapraklarını birleştirin.

b) Üzerine zeytinyağı ve limon suyunu gezdirin , yavaşça kaplayın.

c) Tatmak için tuz ve karabiber ekleyin.

ç) Kullanıyorsanız, ilave bir doku ve lezzet katmanı için dilimlenmiş kırmızı soğanı veya salatalığı ekleyin.

d) Servis yapmaya hazır olana kadar soğutun. Bu salatanın tadını soğuk olarak çıkarmak en iyisidir ; sıcak günler için mükemmel, canlandırıcı ve nemlendirici bir yan sunar.

AL FRESCO TARAFLARI

50.Marul Sarmalarında Çin Usulü Tofu

İÇİNDEKİLER:

- 1 diş sarımsak, ince doğranmış
- 2cm soyulmuş ve rendelenmiş zencefil kökü
- 4 yemek kaşığı kuru üzüm sosu
- 2 yemek kaşığı tuzu azaltılmış soya sosu
- 2 yemek kaşığı pirinç şarabı sirkesi
- 2 çay kaşığı limon suyu
- 450g tofu, preslenmiş (gerekirse)
- 1 x 225g kutu kestane, suyu süzülmüş ve ince doğranmış
- 2 kırmızı biber, ince doğranmış
- 4 adet taze soğan, ince dilimlenmiş
- Hafif pişirme sprey yağı
- Little gem marulunun 12 dış yaprağı, yıkanmış

TALİMATLAR:

a) Marine etmek için geniş bir kaseye sarımsak, zencefil, kuru üzüm sosu, soya sosu, sirke ve limon suyunu ekleyip karıştırın.

b) Tofuyu küp küp doğrayıp kestane, kırmızı biber ve taze soğanla birlikte marineye ekleyin. Kaplamak için iyice karıştırın. En az 1 saat boyunca örtün ve buzdolabında saklayın.

c) Büyük bir tavayı sprey yağıyla kaplayın ve yüksek ateşte ısıtın. Marine edilmiş tofuyu ve sebzeleri tavaya aktarın ve yaklaşık 6-8 dakika veya biber yumuşayana kadar sürekli karıştırın.

ç) Marul yapraklarının her birinin ortasına bir kaşık dolusu tofu ve sebze ekleyin ve servis yapın.

51.Jalapeno turşusu

İÇİNDEKİLER:
- ½ bardak (120 ml) damıtılmış beyaz sirke
- ½ su bardağı (120 ml) su
- 2 yemek kaşığı (25 gr) şeker
- 1 yemek kaşığı (18 gr) koşer tuzu
- 1 diş sarımsak, ince dilimlenmiş
- ½ çay kaşığı kurutulmuş kekik
- 1½ su bardağı (135 gr) dilimlenmiş jalapeno biberi

TALİMATLAR:
a) Orta-yüksek ateşte küçük bir tencerede sirkeyi, suyu, şekeri, tuzu, sarımsağı ve kekiği birleştirin. Tuzlu suyu kaynatın ve şeker ve tuz eriyene kadar karıştırın. Isıdan çıkarın.

b) Jalapenoları küçük boy (480 ml) bir kavanoza koyun. Kavanozu doldurmak için salamurayı dökün. Bir kaşık kullanarak jalapenoları salamuraya batırmak için bastırın.

c) Sıkışmış hava kabarcıklarını serbest bırakmak için kavanozun iç kenarı boyunca bir bıçağı yavaşça gezdirin.

ç) Kavanozu bir kapakla kapatın ve aromaların gelişmesini sağlamak için gece boyunca buzdolabında bekletin. Salamura jalapenolar 3 aya kadar buzdolabında saklanacaktır.

52.Tatlı Patates Sriracha - Akçaağaç Sır

İÇİNDEKİLER:

- Alüminyum folyoyu hazırlamak için zeytinyağı pişirme spreyi
- 3 tatlı patates (yaklaşık 1½ pound veya 681 g), 2,5 cm (1 inç) parçalar halinde kesilmiş
- Kaşer tuzu
- 2 yemek kaşığı (28 gr) tereyağı, küçük parçalar halinde kesilmiş
- 2 yemek kaşığı (30 ml) akçaağaç şurubu
- 2 çay kaşığı sriracha
- ⅓ su bardağı (37 gr) kıyılmış ceviz

TALİMATLAR:

a) Kömür ızgarasında veya kömürlerin üzerinde ızgara ızgarası bulunan ateş çukurunda orta sıcaklıkta tek seviyeli bir ateş hazırlayın.

b) İki adet ağır hizmet tipi alüminyum folyoyu (en az 16 inç veya 40 cm uzunluğunda) ölçün ve yüzeye pişirme spreyi ile hafifçe püskürtün.

c) Tatlı patatesleri hazırlanan iki tabakanın arasına bölün ve ortasına istifleyin. Tatlı patateslere pişirme spreyi sıkın, tuzlayın ve üzerine tereyağını serpin. Folyoyu paketler halinde katlayın ve kapatın.

ç) Paketleri ızgaraya yerleştirin. Tatlı patatesler yumuşayana kadar 20 ila 25 dakika ızgara yapın, eşit pişirme için paketleri her 5 ila 10 dakikada bir çevirin.

d) Bu arada küçük bir kapta akçaağaç şurubu ve sriracha'yı birleşene kadar karıştırın.

e) Folyo paketleri bir tepsiye aktarın ve açarken dikkatli olun çünkü paketler buharla dolacaktır. Akçaağaç şurubu karışımını tatlı patateslerin üzerine gezdirin, üzerine ceviz serpin ve yavaşça kaplayın.

53.Sarımsak Tereyağı Gnocchi ve Mantarlar

İÇİNDEKİLER:

- 20 ons (569 g) taze gnocchi
- 12 ons (340 g) cremini mantarı, dörde bölünmüş
- Üzerine serpmek için zeytinyağı
- 4 diş sarımsak, kıyılmış
- 1 çay kaşığı koşer tuzu
- ½ çay kaşığı kırmızı biber gevreği
- ¼ çay kaşığı öğütülmüş karabiber
- Alüminyum folyoyu hazırlamak için zeytinyağı pişirme spreyi
- 1 su bardağı (240 ml) tavuk suyu veya ½ su bardağı (120 ml) tavuk suyu ve ½ su bardağı (120 ml) sek beyaz şarap
- 4 yemek kaşığı (½ çubuk veya 56 g) tereyağı, parçalar halinde kesilmiş
- Süslemek için ince kıyılmış taze maydanoz

TALİMATLAR:

a) Kömürlerin üzerinde ızgara ızgarası bulunan bir ateş çukurunda veya kömür ızgarasında tek seviyeli sıcak bir ateş hazırlayın.

b) Büyük bir kapta gnocchi ve mantarları birleştirin. Cömertçe zeytinyağı ile gezdirin. Sarımsak, tuz, kırmızı pul biber ve karabiberi ekleyip kaplanana kadar karıştırın.

c) Dört adet ağır hizmet tipi alüminyum folyoyu (en az 14 inç veya 35 cm uzunluğunda) ölçün ve her bir yaprağın yüzeyine pişirme spreyi sıkın.

ç) Hazırlanan her folyo yaprağının ortasına gnocchi ve mantar karışımından eşit miktarda koyun. Her kağıdın dört tarafını da yukarı katlayın (sanki bir kase yapıyormuşsunuz gibi) ve her pakete ¼ bardak (60 ml) tavuk suyu dökün. Her birinin üstüne birkaç parça tereyağı sürün ve folyoyu katlayıp paketler halinde kapatın.

d) Paketleri ızgaraya yerleştirin. Eşit pişirme için her 5 dakikada bir çevirerek yaklaşık 15 dakika ızgara yapın. Folyo paketleri bir tepsiye aktarın ve açarken dikkatli olun çünkü paketler buharla dolacaktır.

54.Sedir Planklı Domates Dolması

İÇİNDEKİLER:
- 8 olgun fakat sert domates (her biri yaklaşık 4 ons veya 115 g veya 2 pound veya toplam 908 g), tercihen sapları takılı
- ½ bardak (25 gr) bir günlük ekmekten ince taze ekmek kırıntıları
- ½ bardak (60 g) rendelenmiş Gruyère peyniri, ayrıca serpmek için daha fazlası
- ½ su bardağı (35 gr) ince doğranmış cremini mantarı
- ½ su bardağı (80 gr) kıyılmış arpacık soğanı
- 2 yemek kaşığı (8 gr) kıyılmış taze maydanoz
- 2 yemek kaşığı (5 gr) kıyılmış taze fesleğen
- 2 diş sarımsak, kıyılmış
- 1 çay kaşığı kıyılmış taze kekik
- ½ çay kaşığı koşer tuzu
- ¼ çay kaşığı öğütülmüş karabiber
- 2 yemek kaşığı (30 ml) zeytinyağı, ayrıca üzerine serpmek için daha fazlası

TALİMATLAR:

a) Izgara yapmayı planlamadan önce bir sedir tahtasını en az 1 saat suda bekletin.

b) Kömürlerin üzerinde ızgara ızgarası bulunan bir kömür ızgarasında orta sıcaklıkta iki bölgeli bir ateş hazırlayın.

c) Bir soyma bıçağı kullanarak, her bir domatesin üst kısmını ayırıp 1 cm (½ inç) kısmını kesin, üst kısmı ayırın ve çekirdeği kesin. Bir kaşık kullanarak iç kısımlarını çıkarın ve ½ inç (1 cm) kalınlığında bir kabuk bırakın. Marinara sosu yapmak için bu sayfada meyve sularını, tohumları ve eti saklayın veya atın. Domatesleri (beraberindeki üst kısımlarıyla birlikte) bir tepsiye dizin ve bir kenara koyun.

ç) Orta boy bir kapta galeta unu, Gruyère, mantar, arpacık soğanı, maydanoz, fesleğen, sarımsak, kekik, tuz, karabiber ve zeytinyağını karıştırın. Her bir domatesi 3 ila 4 yemek kaşığı (18 ila 24 g) ekmek kırıntısı karışımıyla doldurun ve üzerine bir tutam Gruyère ekleyin. Üst kısımları küçük şapkalar gibi domateslerin üzerine yerleştirin ve üzerine zeytinyağı gezdirin.

d) Duman çıkmaya başlayana kadar tahtayı önceden ısıtın. Tahtayı ters çevirin ve dolaylı ısıya taşıyın. Domatesleri tahtaya dizin ve ızgara kapağını kapatın. Domatesler yumuşayana, dolgu altın rengi kahverengi olana ve peynir eriyene kadar yaklaşık 30 dakika ızgara yapın.

TATLI İkramlar

55. Tarçınlı Krema Fraîche ile Izgara Armut

İÇİNDEKİLER:

- 2 yemek kaşığı bal
- 2 çay kaşığı öğütülmüş tarçın
- 1 su bardağı (227 gr) Crème fraîche
- 4 armut, ikiye bölünmüş ve çekirdeği çıkarılmış

TALİMATLAR:

a) Orta-yüksek ateşte bir ızgara hazırlayın.

b) Bu arada, bal ve tarçını Crème fraîche'e (kolay temizlik için doğrudan kapta) iyice birleşene kadar karıştırın.

c) Armutları ızgaraya yerleştirin ve armutlar iyi ızgara izleriyle yumuşayana kadar bir kez çevirerek 3 ila 5 dakika pişirin.

ç) Her bir armutu bir parça şekerli Crème fraîche ile servis edin.

56.Dondurulmuş Yoğurt Berry Popsicles

İÇİNDEKİLER:
- 1 bardak Yunan yoğurdu
- 1 su bardağı karışık meyveler (çilek, yaban mersini ve ahududu gibi)
- 2 yemek kaşığı bal
- buzlu şeker kalıpları

TALİMATLAR:
a) Bir karıştırıcıda Yunan yoğurtunu, karışık meyveleri ve balı birleştirin.
b) Pürüzsüz olana kadar karıştır.
c) Karışımı buzlu şeker kalıplarına dökün.
ç) Her kalıba buzlu şeker çubukları yerleştirin.
d) En az 4 saat veya tamamen sertleşene kadar dondurun.
e) Dondurmaları kalıplardan çıkarın ve havuz kenarında bu dondurulmuş ikramların tadını çıkarın.

57.Tatlı Karamelize İncir ve Şeftali

İÇİNDEKİLER:
- 2 yemek kaşığı tereyağı
- 2 yemek kaşığı paketlenmiş esmer şeker
- 4 orta boy incir, boyuna ikiye bölünmüş
- 2 orta boy şeftali, çekirdekleri çıkarılmış ve dilimlenmiş

TALİMATLAR:

a) Orta ateşte küçük bir tencerede tereyağını eritin. Şekeri ekleyin ve karışım köpüklenip altın sarısı bir renk alana kadar yaklaşık 2 dakika karıştırın.

b) İncirleri ve şeftalileri ekleyin ve kaplamak için karıştırın. Meyveler yumuşayıp suyunu salmaya başlayıncaya kadar ara sıra karıştırarak yaklaşık 3 dakika pişirin.

c) Meyveleri servis tabaklarına paylaştırın ve kremayı meyvelerin üzerine dökün.

58.Gorgonzola ve Ballı Plank Armut

İÇİNDEKİLER:

- 1 yemek kaşığı (14 gr) tereyağı, oda sıcaklığında
- 1 yemek kaşığı (20 gr) bal
- 2 armut, uzunlamasına ikiye bölünmüş ve çekirdekleri çıkarılmış (nota bakın)
- ¼ bardak (30 gr) ufalanmış Gorgonzola peyniri

TALİMATLAR:

a) Izgara yapmayı planlamadan önce bir sedir tahtasını en az 1 saat suda bekletin.

b) Kömürlerin üzerinde ızgara ızgarası bulunan bir kömür ızgarasında orta sıcaklıkta iki bölgeli bir ateş hazırlayın.

c) Küçük bir kapta tereyağı ve balı iyice karışana kadar karıştırın. Armutların kesilmiş taraflarını tereyağı karışımıyla cömertçe fırçalayın ve üzerine Gorgonzola serpin.

ç) Duman çıkmaya başlayana kadar tahtayı önceden ısıtın. Tahtayı ters çevirin ve dolaylı ısıya taşıyın. Armutları tahtanın üzerine dizin ve ızgara kapağını kapatın. Armutlar yumuşayıncaya ve kenarları kavruluncaya kadar yaklaşık 25 dakika kadar kızartın.

59.Kurabiye

İÇİNDEKİLER:
- 2 ¼ bardak çok amaçlı un
- ½ çay kaşığı karbonat
- ½ çay kaşığı tuz
- 1 su bardağı tuzsuz tereyağı, yumuşatılmış
- ¾ su bardağı toz şeker
- ¾ bardak paketlenmiş esmer şeker
- 2 büyük yumurta
- 1 çay kaşığı vanilya özü
- İsteğe bağlı: Bahçe teması için gıda boyası, yenilebilir çiçekler veya dekoratif sprinkler

TALİMATLAR:

a) Fırınınızı önceden 350°F (175°C) ısıtın. Fırın tepsilerini parşömen kağıdıyla hizalayın.
b) Orta boy bir kapta un, kabartma tozu ve tuzu birlikte çırpın. Bir kenara koyun.
c) Büyük bir kapta yumuşatılmış tereyağını, toz şekeri ve esmer şekeri hafif ve kabarık olana kadar krema haline getirin.
ç) Yumurtaları birer birer çırpın, ardından vanilya özütünü ekleyerek karıştırın.
d) Kuru malzemeleri yavaş yavaş ıslak malzemelere ekleyin ve birleşene kadar karıştırın. Aşırı karıştırmayın.
e) İstenirse kurabiye hamurunu porsiyonlara bölün ve her porsiyona gıda boyası ekleyin, renk eşit şekilde dağılıncaya kadar karıştırın.
f) Hazırlanan fırın tepsilerine yuvarlak yemek kaşığı kurabiye hamuru bırakın ve aralarında yaklaşık 2 inç boşluk bırakın.
g) İstenirse, yenilebilir çiçekleri kurabiyelerin yüzeyine hafifçe bastırın veya temayı geliştirmek için üzerine dekoratif serpintiler serpin.
ğ) Kurabiyeleri önceden ısıtılmış fırında 10-12 dakika veya kenarları hafif altın rengi oluncaya kadar pişirin. Merkezleri hala biraz yumuşak görünebilir, ancak soğudukça sertleşeceklerdir.
h) Fırın tepsilerini fırından çıkarın ve kurabiyelerin 5 dakika boyunca yaprak üzerinde soğumasını bekleyin. Daha sonra tamamen soğumaları için tel raflara aktarın.
ı) Soğuduktan sonra Kurabiyeleri bir tabağa servis edin veya misafirlerin tadını çıkarması için dekoratif kutulara veya torbalara paketleyin.

60. Dondurma Sundaes

İÇİNDEKİLER:
- Çeşitli dondurma tatları
- Çeşitli soslar (örneğin çikolata sosu, karamel sosu, serpme, fındık, krem şanti, kiraz)

TALİMATLAR:
a) Seçtiğiniz dondurma aromalarını kaselere veya külahlara dökün.
b) Farklı soslar içeren çeşitli kaselerden oluşan bir sos istasyonu kurun.
c) Konukların, istedikleri malzemeleri ekleyerek kendi dondurmalarını oluşturmalarına izin verin.

61.Ananas Baş Aşağı Kek

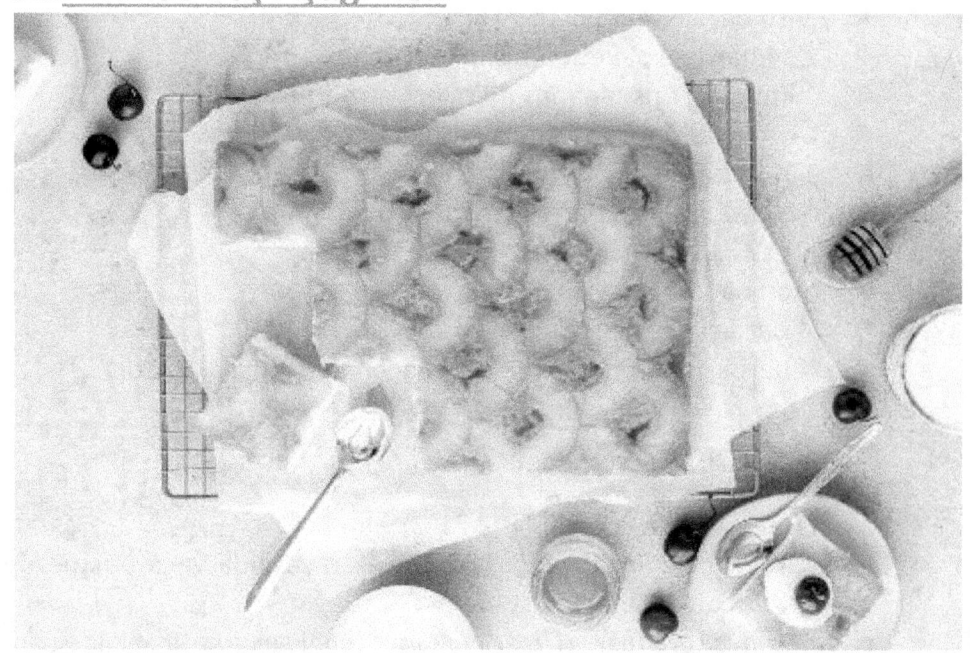

İÇİNDEKİLER:
- ½ su bardağı tuzsuz tereyağı
- 1 su bardağı paketlenmiş esmer şeker
- 1 kutu (20 ons) ananas dilimleri, süzülmüş
- Üzeri için Maraşino kirazı (isteğe bağlı)
- 1 ½ su bardağı çok amaçlı un
- 1 ½ çay kaşığı kabartma tozu
- ¼ çay kaşığı tuz
- ¾ su bardağı toz şeker
- ½ bardak süt
- ¼ bardak ananas suyu (konserve ananastan ayrılmıştır)
- 2 çay kaşığı vanilya özü
- 2 büyük yumurta

TALİMATLAR:
a) Fırınınızı önceden 350°F (175°C) ısıtın.
b) Tereyağını 9 inçlik yuvarlak bir kek tavasında veya dökme demir tavada düşük ateşte eritin.
c) Eritilmiş tereyağının üzerine kahverengi şekeri eşit şekilde serpin.
ç) Ananas dilimlerini kahverengi şekerin üzerine yerleştirin, istenirse her ananas diliminin ortasına bir kiraz likörü kirazı yerleştirin.
d) Orta boy bir kapta un, kabartma tozu ve tuzu birlikte çırpın.
e) Ayrı bir büyük kapta toz şeker, süt, ananas suyu, vanilya özü ve yumurtaları iyice birleşene kadar çırpın.
f) Kuru malzemeleri yavaş yavaş ıslak malzemelere ekleyin ve birleşene kadar karıştırın.
g) Karışımı kek kalıbındaki ananas dilimlerinin üzerine dökün ve eşit şekilde dağıtın.
ğ) Önceden ısıtılmış fırında yaklaşık 40-45 dakika veya kekin ortasına batırdığınız kürdan temiz çıkana kadar pişirin.
h) Keki fırından çıkarıp 10 dakika kadar kalıbın içinde soğumaya bırakın.
ı) Kek kalıbının üzerine servis tabağını ters çevirerek yerleştirin ve pastayı dikkatlice tabağa ters çevirin.
i) Ananas tepesini ortaya çıkaracak şekilde tavayı kaldırın.
j) Servis yapmadan önce pastanın tamamen soğumasını bekleyin.

62.Hindistan Cevizli Makaron

İÇİNDEKİLER:

- 3 su bardağı rendelenmiş hindistan cevizi (şekerli veya şekersiz)
- ¾ bardak şekerli yoğunlaştırılmış süt
- 2 çay kaşığı vanilya özü
- 2 büyük yumurta akı
- Bir tutam tuz
- İsteğe bağlı: Üzerine serpmek veya daldırmak için çikolata (eritilmiş)

TALİMATLAR:

a) Fırınınızı önceden 325°F'ye (160°C) ısıtın ve fırın tepsisini parşömen kağıdıyla kaplayın.
b) Büyük bir kapta kıyılmış hindistan cevizini, şekerli yoğunlaştırılmış sütü ve vanilya özünü birleştirin. İyice birleşene kadar karıştırın.
c) Ayrı bir kapta yumurta aklarını ve tuzu sert tepecikler oluşana kadar çırpın.
ç) Çırpılmış yumurta aklarını hindistancevizi karışımına eşit bir şekilde karışıncaya kadar yavaşça katlayın.
d) Bir çorba kaşığı veya bir kurabiye kepçesi kullanarak, karışımın yuvarlak yığınlarını hazırlanan fırın tepsisine aralıklı olarak bırakın.
e) Önceden ısıtılmış fırında yaklaşık 18-20 dakika veya makaronların kenarları altın rengi kahverengi olana kadar pişirin.
f) Makaronları fırından çıkarın ve fırın tepsisinde birkaç dakika soğumaya bırakın.
g) İsteğe bağlı: İsterseniz biraz çikolata eritin ve soğumuş makaronların üzerine gezdirin veya makaronların alt kısımlarını eritilmiş çikolataya batırın.
ğ) Servis etmeden önce çikolatanın soğumasını bekleyin.

63.Çikolatalı Şifon Kek

İÇİNDEKİLER:
- 1 ¾ su bardağı çok amaçlı un
- 1 ½ su bardağı toz şeker
- ¾ bardak şekersiz kakao tozu
- 1 ½ çay kaşığı kabartma tozu
- 1 çay kaşığı karbonat
- ½ çay kaşığı tuz
- ½ su bardağı bitkisel yağ
- 7 büyük yumurta, ayrılmış
- 1 bardak su
- 1 çay kaşığı vanilya özü
- ½ çay kaşığı tartar kreması

ÇİKOLATA ŞANTİ KREMA SONU İÇİN:
- 2 su bardağı ağır krema, soğuk
- ½ su bardağı pudra şekeri
- ¼ bardak şekersiz kakao tozu
- 1 çay kaşığı vanilya özü

İSTEĞE BAĞLI GARNİTÜR:
- Çikolata talaşı
- taze orman meyveleri

TALİMATLAR:
ÇİKOLATALI ŞİFON KEK İÇİN:
a) Fırınınızı önceden 170°C'ye (340°F) ısıtın ve 10 inçlik bir tüp tepsisini yağlayın ve unlayın.
b) Büyük bir karıştırma kabında un, toz şeker, kakao tozu, kabartma tozu, kabartma tozu ve tuzu birlikte çırpın.
c) Kuru malzemelerin ortasına bir havuz açın ve bitkisel yağı, yumurta sarısını, suyu ve vanilya özünü ekleyin. Pürüzsüz ve iyice birleşene kadar çırpın.
ç) Ayrı bir kapta, yumurta aklarını ve tartar kremasını elektrikli karıştırıcıyla sert zirveler oluşana kadar çırpın.
d) Çırpılmış yumurta aklarını çikolatalı karışımın içine, fazla karıştırmamaya dikkat ederek, yavaşça katlayın.
e) Hazırladığınız kek kalıbına hamuru dökün ve üzerini spatulayla düzeltin.

f) Önceden ısıtılmış fırında yaklaşık 45-50 dakika veya kekin ortasına batırdığınız kürdan temiz çıkana kadar pişirin.
g) Pastayı fırından çıkarın ve tamamen soğuması için tavayı tel ızgara üzerine ters çevirin. Bu, pastanın yüksekliğini korumasına yardımcı olur ve çökmesini önler.

ÇİKOLATA ŞANTİ KREMA SONU İÇİN:
ğ) Soğutulmuş bir karıştırma kabında, ağır kremayı, pudra şekerini, kakao tozunu ve vanilya ekstraktını sert zirveler oluşana kadar çırpın.
h) Kremayı tereyağ haline getirebileceğinden fazla çırpmamaya dikkat edin.

TOPLANTI:
ı) Çikolatalı şifon kek tamamen soğuduktan sonra, keki gevşetmek için kalıbın kenarlarından bir bıçak geçirin. Tavadan alıp servis tabağına yerleştirin.
i) Pürüzsüz ve eşit bir tabaka oluşturmak için çikolatalı krem şantiyi pastanın üstüne ve yanlarına bir spatula kullanarak yayın.
j) İsteğe bağlı: Ekstra bir zarafet dokunuşu için pastayı çikolata parçacıkları ve taze meyvelerle süsleyin.
k) Çikolatalı şifon pastayı dilimleyin ve servis yapın, hafif ve çikolatalı lezzetinin tadını çıkarın.

64. Geleneksel Balkabağı Turtası

İÇİNDEKİLER:
- 1,5 su bardağı konserve kabak püresi
- ¾ su bardağı toz şeker
- ½ çay kaşığı tuz
- 1 çay kaşığı öğütülmüş tarçın
- ½ çay kaşığı öğütülmüş zencefil
- ¼ çay kaşığı öğütülmüş karanfil
- 2 büyük yumurta
- 1 kutu (12 ons) buharlaştırılmış süt
- 1 adet pişmemiş 9 inçlik pasta kabuğu

TALİMATLAR:
a) Fırınınızı 220°C'ye (425°F) önceden ısıtın.
b) Bir karıştırma kabında kabak püresi, toz şeker, tuz, tarçın, zencefil, karanfil, yumurta ve buharlaştırılmış sütü birleştirin. Pürüzsüz olana kadar iyice karıştırın.
c) Balkabağı karışımını pişmemiş pasta kabuğunun içine dökün ve eşit şekilde dağıtın.
ç) Pastayı bir fırın tepsisine yerleştirin ve önceden ısıtılmış fırına aktarın.
d) 220°C (425°F) sıcaklıkta 15 dakika pişirin.
e) Fırın sıcaklığını 350°F'ye (175°C) düşürün ve 40-50 dakika daha veya ortası ayarlanana ve dolguya batırılan kürdan temiz çıkana kadar pişirmeye devam edin.
f) Pastayı fırından çıkarın ve tel ızgara üzerinde tamamen soğumasını bekleyin.
g) Soğuduktan sonra pastayı servis etmeden önce en az 2 saat buzdolabında bekletin.

65.Zencefilli kurabiye

İÇİNDEKİLER:
- 3 su bardağı çok amaçlı un
- 1 çay kaşığı karbonat
- ¼ çay kaşığı tuz
- 2 çay kaşığı öğütülmüş zencefil
- 1 ½ çay kaşığı öğütülmüş tarçın
- ½ çay kaşığı öğütülmüş karanfil
- ½ bardak tuzsuz tereyağı, yumuşatılmış
- ½ su bardağı paketlenmiş esmer şeker
- ½ su bardağı pekmez
- 1 büyük yumurta
- 1 çay kaşığı vanilya özü

TALİMATLAR:
a) Orta boy bir kapta un, kabartma tozu, tuz, zencefil, tarçın ve karanfilleri birlikte çırpın. Bir kenara koyun.
b) Büyük bir karıştırma kabında yumuşatılmış tereyağını ve kahverengi şekeri hafif ve kabarık olana kadar krema haline getirin.
c) Tereyağı karışımına pekmezi, yumurtayı ve vanilya özünü ekleyin. İyice birleşene kadar çırpın.
ç) Kuru malzemeleri yavaş yavaş ıslak malzemelere ekleyin, her eklemeden sonra iyice karıştırarak bir hamur oluşana kadar karıştırın.
d) Hamuru ikiye bölün ve her bir yarıyı disk şeklinde şekillendirin. Bunları plastik ambalaja sarın ve en az 1 saat buzdolabında saklayın.
e) Fırınınızı önceden 350°F'ye (175°C) ısıtın ve fırın tepsilerini parşömen kağıdıyla kaplayın.
f) Hafifçe unlanmış bir yüzeyde, bir disk hamuru yaklaşık ¼ inç kalınlığa kadar açın.
g) Haddelenmiş hamurdan şekiller kesmek için kurabiye kesicileri kullanın ve bunları hazırlanan fırın tepsilerine aktarın, her kurabiye arasında biraz boşluk bırakın.
ğ) Artıkları toplayın, hamuru yeniden yuvarlayın ve tüm hamur kullanılıncaya kadar kurabiyeleri kesmeye devam edin.

h) Kurabiyeleri önceden ısıtılmış fırında 8-10 dakika veya kenarları hafif altın rengi oluncaya kadar pişirin.
ı) Fırın tepsilerini fırından çıkarın ve kurabiyeleri birkaç dakika tepsinin üzerinde soğumaya bırakın, ardından tamamen soğumaları için tel raflara aktarın.
i) Kurabiyeler tamamen soğuduktan sonra üzerini krema, şekerleme veya istediğiniz diğer süslemelerle süsleyebilirsiniz.

66.Doğumgünü pastası

İÇİNDEKİLER:

- 55 gr tereyağı, oda sıcaklığında [4 yemek kaşığı (½ çubuk)]
- 60 g sebze yağı [⅓ bardak]
- 250 gr toz şeker [1¼ su bardağı]
- 50 gr açık kahverengi şeker [3 yemek kaşığı sıkıca paketlenmiş]
- 3 yumurta
- 110 gr ayran [½ bardak]
- 65 gr üzüm çekirdeği yağı [⅓ bardak]
- 8 gr berrak vanilya özütü [2 çay kaşığı]
- 245 gr kek unu [2 su bardağı]
- 6 gr kabartma tozu [1½ çay kaşığı]
- 3 gr koşer tuzu [¾ çay kaşığı]
- 50 gr gökkuşağı serpintisi [¼ bardak]
- Pam veya başka bir yapışmaz pişirme spreyi (isteğe bağlı)
- 25 gr gökkuşağı serpintisi [2 yemek kaşığı]

TALİMATLAR:

a) Fırını 350°F'ye ısıtın.
b) Tereyağı, katı yağ ve şekerleri, kürek aparatı ve krema ile donatılmış bir stand mikserinin kasesinde orta-yüksek ateşte 2 ila 3 dakika boyunca birleştirin. Kasenin kenarlarını kazıyın, yumurtaları ekleyin ve orta-yüksek ateşte 2 ila 3 dakika karıştırın. Kasenin kenarlarını bir kez daha kazıyın.
c) Düşük hızda ayran, yağ ve vanilyayı dökün. Mikserin hızını orta-yüksek seviyeye yükseltin ve karışım neredeyse beyaz olana, orijinal kabarık tereyağı ve şeker karışımınızın iki katı büyüklüğünde ve tamamen homojen olana kadar 4 ila 6 dakika boyunca kürek çekin.
ç) Çok düşük hızda kek ununu, kabartma tozunu, tuzu ve 50 gr (¼ bardak) gökkuşağı parçacıklarını ekleyin. Hamurunuz bir araya gelinceye kadar 45 ila 60 saniye karıştırın. Kasenin kenarlarını kazıyın.
d) Çeyrek sayfalık bir tavaya Pam püskürtün ve parşömenle hizalayın veya tavayı sadece Silpat ile hizalayın. Bir spatula kullanarak kek hamurunu tavaya eşit bir tabaka halinde yayın. Kalan 25 gr (2 yemek kaşığı) gökkuşağı serpintisini hamurun üzerine eşit şekilde serpin.
e) Pastayı 30 ila 35 dakika pişirin. Kek kabaracak ve kabaracak, boyutu iki katına çıkacak, ancak hafif tereyağlı ve yoğun kalacaktır. Eğer kek bu testleri geçemezse fırında 3 ila 5 dakika daha bekletin.
f) Keki fırından çıkarıp tel ızgara üzerinde soğutun.

ŞARKÜTERİ TARİFLERİ

67.Klasik Şarküteri Tahtası

İÇİNDEKİLER:

- coppa gibi)
- Peynir çeşitleri (çedar, brie ve mavi peynir gibi)
- Zeytin ve turşu
- Çeşitli kraker ve ekmek
- Taze meyveler (üzüm, incir ve meyveler)
- Fındık (badem, ceviz ve kaju fıstığı)
- Soslar (humus, hardal ve Hint turşusu)

TALİMATLAR:

a) Büyük bir tahta veya tabak hazırlayın.
b) Kürlenmiş etleri yuvarlayın veya katlayın ve tahtaya yerleştirin.
c) Peynirleri lokma büyüklüğünde kesip tahtaya dizin.
ç) Tahtaya zeytin, turşu ve sos ekleyin.
d) Boş alanları kraker, ekmek, taze meyve ve kuruyemişlerle doldurun.
e) Servis yapın ve tadını çıkarın!

68.Akdeniz Mezze Tabağı

İÇİNDEKİLER:
- Humus
- Cacık Sosu
- baba ghanoush
- Pide ekmeği veya pide cipsi
- Falafel topları
- Üzüm yaprakları
- çeri domatesler
- Salatalık dilimleri
- Kalamata zeytin
- Beyaz peynir
- Zeytinyağı ve limon dilimleri (üzerine sürmek için)

TALİMATLAR:
a) Bir tabak veya tepsi düzenleyin.
b) Tabağa humus, cacık sosu ve baba ghannuş kaselerini yerleştirin.
c) Kaselerin etrafına pide ekmeği veya pide cipsleri ekleyin.
ç) Falafel toplarını, üzüm yapraklarını, çeri domatesleri, salatalık dilimlerini ve Kalamata zeytinlerini tabağa dizin.
d) Üzerine beyaz peyniri ufalayın.
e) Tabağın üzerine zeytinyağını gezdirin ve limon dilimlerini sıkın.
f) Servis yapın ve tadını çıkarın!

69.İtalyan Meze Tabağı

İÇİNDEKİLER:
- Dilimlenmiş jambon
- Dilimlenmiş Sopressata
- dilimlenmiş mortadella
- Marine edilmiş enginar kalbi
- Marine edilmiş közlenmiş kırmızı biber
- Güneşte kurutulmuş domatesler
- Bocconcini (küçük mozarella topları)
- Galeta
- Grissini (prosciuttoya sarılmış ekmek çubukları)
- Parmesan peyniri rendesi
- Balzamik sır (çisirmek için)

TALİMATLAR:
a) Bir tabak veya tahta düzenleyin.
b) Dilimlenmiş etleri tabağa yerleştirin, istenirse yuvarlayın.
c) Marine edilmiş enginar kalplerini, közlenmiş kırmızı biberleri ve güneşte kurutulmuş domatesleri tabağa ekleyin.
ç) Tabağa bocconcini ve ekmek çubuklarını yerleştirin.
d) Parmesan peyniri rendesini tabağa dağıtın.
e) Balsamik sırını malzemelerin üzerine gezdirin.
f) Servis yapın ve tadını çıkarın!

70. Asya Esintili Şarküteri Tabağı

İÇİNDEKİLER:
- Dilimlenmiş kızarmış domuz eti veya Çin barbekü domuz eti
- Dilimlenmiş kızarmış ördek
- Dilimlenmiş jambon
- Asya usulü sosisler
- Soya sosu
- Hoisin sosu
- Turşu sebzeler (havuç, daikon ve salatalık)
- Buharda pişmiş çörekler veya marul yaprakları
- Sriracha veya biber sosu (isteğe bağlı)

TALİMATLAR:
a) Bir tabak veya tepsi düzenleyin.
b) Dilimlenmiş etleri tabağa dizin.
c) Daldırma için soya sosunu ve kuru üzüm sosunu küçük kaselerde servis edin.
ç) Salamura sebzeleri tabağa dizin.
d) Yanında buharda pişmiş çörekler veya marul yaprakları servis edin.
e) Sriracha veya kırmızı biber sosu sağlayın.
f) Servis yapın ve tadını çıkarın!

71.Fransız Esintili Şarküteri

İÇİNDEKİLER:
- saucisson , jambon de Bayonne, pate veya rillettes gibi)
- Comté gibi)
- Baget dilimleri veya Fransız ekmeği
- Cornichons (küçük turşular)
- Dijon hardalı
- Niçoise veya Picholine gibi)
- Üzüm veya dilimlenmiş incir
- Ceviz veya badem
- Garnitür için taze otlar (maydanoz veya kekik gibi)

TALİMATLAR:
a) Fransız esintili şarküteri ürünlerinizi düzenlemek için büyük bir ahşap tahta veya tabak seçin.
b) Tedavi edilmiş etleri tahtaya yerleştirerek başlayın. Bunları yuvarlayın veya katlayın ve çekici bir desene yerleştirin.
c) Fransız peynirini dilimler veya dilimler halinde kesin ve kurutulmuş etlerin yanına yerleştirin.
ç) Etlere ve peynirlere klasik bir eşlik sağlayacak şekilde tahtaya bir yığın baget dilimleri veya Fransız ekmeği ekleyin.
d) Ekmeğe daldırmak veya yaymak için tahtaya küçük bir kase Dijon hardalı yerleştirin.
e) Şarküterinin lezzetini tamamlamak için geleneksel Fransız turşusu olan kornişonu bir kase ekleyin.
f) Kalan boşlukları doldurarak tahtaya çeşitli zeytinler serpin.
g) Tahtanın etrafına taze üzüm veya dilimlenmiş incir salkımları yerleştirin ve bir miktar tatlılık katın.
ğ) Daha fazla doku ve lezzet için tahtanın her tarafına ceviz veya badem serpin.
h) Son dokunuş için tahtayı taze otlarla süsleyin .
ı) Fransız esintili şarküteri tabağını toplantınızda meze veya süs eşyası olarak servis edin ve misafirlerin lezzet ve dokuların enfes kombinasyonunun tadını çıkarmasına olanak tanıyın.

SOSLAR, DALIŞLAR VE SOSUNLAR

72. Acı Biber Jölesi

İÇİNDEKİLER:

- 2 su bardağı (300 gr) ince doğranmış dolmalık biber, herhangi bir renk veya karışım
- ½ su bardağı (120 ml) elma sirkesi
- 1 çay kaşığı kırmızı biber gevreği
- 3 yemek kaşığı (36 g) Sure-Jell Daha Az veya Hiç Şeker Gerektirmez Premium Meyve Pektini
- 1 çay kaşığı tereyağı
- 1½ su bardağı (300 gr) şeker

TALİMATLAR:

a) Kavanozlarınızı ve kapaklarınızı hazırlamak için bunları büyük bir tencereye koyun ve üzerini en az 2,5 cm (1 inç) suyla kaplayın. Bunları ocakta orta ateşte ısıtın ve jöleyi hazırlarken sıcak tutun. (Alternatif olarak, başlamadan hemen önce bunları bulaşık makinesinde yıkayın, böylece ısıtmalı kurutma işleminden sonra sıcak kalırlar.)

b) Orta-yüksek ateşte geniş, ağır tabanlı bir tencerede dolmalık biberleri, sirkeyi ve kırmızı pul biberi birleştirin. Pektin ve tereyağını karıştırın. Karışımı sürekli karıştırarak tam kaynama noktasına (karıştırıldığında köpürmeyi durdurmayan güçlü bir kaynama) getirin . Şekeri karıştırın. Karışımı tam kaynama noktasına getirin ve sürekli karıştırarak 1 dakika kaynatın. Tencereyi ocaktan alın.

c) Kavanozları boşaltın ve temiz bir mutfak havlusunun üzerine koyun. Sıcak jöleyi ılık kavanozlara, kenarlarının 1 cm (½ inç) yakınına kadar doldurun. Biberleri yeniden dağıtmak için jöleyi karıştırın (yüzme eğilimi gösterirler) ve kavanozları kapaklarla kapatın. Soğutmadan önce oda sıcaklığına gelmelerini sağlayın. Jöle gece boyunca veya 24 saat içinde sertleşmelidir. Jöle buzdolabında 3 haftaya kadar saklanacaktır.

73.Ev Yapımı Fesleğen-Ceviz Pesto

İÇİNDEKİLER:

- 2 su bardağı (70 gr) paketlenmiş taze fesleğen
- ½ su bardağı (50 gr) rendelenmiş parmesan peyniri
- ⅓ su bardağı (50 gr) ceviz
- 3 diş sarımsak, soyulmuş
- ½ çay kaşığı koşer tuzu
- ¼ ila ⅓ bardak (60 ila 80 ml) zeytinyağı
- Taze limon suyunu sıkın

TALİMATLAR:

a) Bir mutfak robotunda fesleğen, peynir, ceviz, sarımsak ve tuzu birleştirin. Gerektiğinde kauçuk bir spatula ile kasenin kenarlarını kazıyarak birleştirmek için darbe uygulayın.

b) İşlemci düşük hızda çalışırken, karışım pürüzsüz, ince, sürülebilir bir macun haline gelinceye kadar zeytinyağını yavaş ve sabit bir akışla ekleyin.

c) Pestoyu hava geçirmez bir kaba aktarın ve bir miktar limon suyuyla karıştırın.

ç) 1 haftaya kadar buzdolabında saklayın veya 6 ila 9 ay boyunca dondurun.

74.Klasik Humus

İÇİNDEKİLER:

- 1 kutu (15 oz) nohut, süzülmüş ve durulanmış
- 1/4 bardak taze limon suyu (yaklaşık 1 büyük limon)
- 1/4 bardak iyice karıştırılmış tahin
- 1 küçük diş sarımsak, kıyılmış
- 2 yemek kaşığı sızma zeytinyağı ve servis için daha fazlası
- 1/2 çay kaşığı öğütülmüş kimyon
- Tatmak için tuz
- 2 ila 3 yemek kaşığı su
- Servis için bir tutam kırmızı biber

TALİMATLAR:

a) Mutfak robotunda tahin ve limon suyunu birleştirin ve 1 dakika boyunca işleyin. Kasenin kenarlarını ve altını kazıyın ve ardından 30 saniye daha işlem yapın.

b) Çırpılmış tahin ve limon suyuna zeytinyağını, kıyılmış sarımsağı, kimyonu ve 1/2 çay kaşığı tuzu ekleyin. 30 saniye boyunca işlem yapın, kasenin yanlarını ve altını kazıyın, ardından 30 saniye daha veya iyice karışana kadar işlem yapın.

c) Nohutların yarısını mutfak robotuna ekleyin ve 1 dakika çalıştırın. Kasenin kenarlarını ve altını kazıyın, kalan nohutları ekleyin ve kalın ve pürüzsüz hale gelinceye kadar 1-2 dakika daha işlem yapın.

ç) Humus çok kalınsa veya hala küçük nohut parçacıkları varsa, robot açıkken, mükemmel kıvama gelinceye kadar yavaş yavaş 2 ila 3 yemek kaşığı su ekleyin.

d) Tuzu tadın ve gerektiği gibi ayarlayın. Humus'u biraz zeytinyağı ve bir tutam kırmızı biberle servis edin.

75.Avokado Kişniş Limon Sosu

İÇİNDEKİLER:

- 1 olgun avokado
- 1/4 bardak taze limon suyu (yaklaşık 2 limon)
- 1/2 bardak taze kişniş yaprağı
- 1/4 su bardağı zeytinyağı
- 1 diş sarımsak
- Tatmak için biber ve tuz
- İnceltilecek kadar su (isteğe bağlı)

TALİMATLAR:

a) Bir blender veya mutfak robotunda avokado, limon suyu , kişniş, zeytinyağı ve sarımsağı birleştirin. Pürüzsüz olana kadar karıştır.

b) Pansuman çok kalınsa, istediğiniz kıvama gelinceye kadar her defasında 1 çorba kaşığı su ekleyin.

c) Tatmak için tuz ve karabiber ekleyin. Hemen kullanın veya 2 güne kadar buzdolabında saklayın.

76.Cacık Sosu

İÇİNDEKİLER:
- 1 bardak Yunan yoğurdu
- 1 salatalık, ince rendelenmiş ve süzülmüş
- 2 diş sarımsak, kıyılmış
- 2 yemek kaşığı sızma zeytinyağı
- 1 yemek kaşığı beyaz sirke
- 1 yemek kaşığı taze dereotu, doğranmış (veya 1 çay kaşığı kurutulmuş dereotu)
- Tatmak için biber ve tuz

TALİMATLAR:
a) Salatalığı rendeleyin ve fazla suyunu elinizle veya tülbent yardımıyla sıkın.

b) Orta boy bir kapta rendelenmiş salatalık, Yunan yoğurdu, sarımsak, zeytinyağı, sirke ve dereotunu birleştirin. İyice karışana kadar karıştırın.

c) Tatmak için tuz ve karabiber ekleyin. Tatların birbirine karışmasını sağlamak için servis yapmadan önce en az 30 dakika soğutun.

77.Közlenmiş Kırmızı Biber ve Ceviz Sosu

İÇİNDEKİLER:

- 1 kavanoz (12 ons) kavrulmuş kırmızı biber, süzülmüş
- 1 su bardağı ceviz, kavrulmuş
- 1/2 bardak ekmek kırıntısı
- 2 yemek kaşığı zeytinyağı
- 1 yemek kaşığı nar pekmezi (veya yerine limon suyu)
- 1 çay kaşığı füme kırmızı biber
- 1/2 çay kaşığı kimyon
- Tatmak için tuz
- İsteğe bağlı: ısı için pul biber

TALİMATLAR:

a) Mutfak robotunda süzülmüş közlenmiş kırmızı biberi, kızartılmış cevizi, galeta unu, zeytinyağı, nar pekmezi, füme kırmızı biber, kimyon ve tuzu birleştirin. Pürüzsüz olana kadar işlem yapın.

b) Baharatlı seviyorsanız pul biber ekleyerek baharatları tadın ve ayarlayın.

c) Servis kasesine aktarıp, servis etmeden önce en az 1 saat buzdolabında dinlendirerek lezzetin ortaya çıkmasını sağlayın.

78.s'Mores Dip

İÇİNDEKİLER:
- Çikolata parçacıkları
- Mini şekerlemeler
- Graham krakerleri (daldırma için)

TALİMATLAR:
a) Fırını önceden 350°F'ye (175°C) ısıtın.
b) Bir fırın tepsisine bir kat çikolata parçacıkları yayın.
c) Üstüne bir kat mini marshmallow koyun.
ç) Önceden ısıtılmış fırında yaklaşık 10-12 dakika ya da marshmallowlar altın sarısı bir renk alıp kızarana kadar pişirin.
d) Daldırma için graham krakerleriyle servis yapın.

İÇECEKLER VE SOĞUTUCULAR

79.Viski Çivili Tatlı Çay

İÇİNDEKİLER:
- 7 su bardağı (17 dL) su
- 1 su bardağı (100 gr) şeker
- 3 aile boyu siyah buzlu çay poşeti
- 1 su bardağı (240 gr) viski
- 1 büyük limon, ince dilimlenmiş

TALİMATLAR:
a) Suyu büyük bir su ısıtıcısında kaynatın. Su ısıtıcısını ocaktan alın ve şekeri ve çay poşetlerini ekleyin. Şeker eriyene kadar ara sıra karıştırarak yaklaşık 5 dakika kadar demleyin .

b) Çay poşetlerini çıkarın, sıvıyı sıkın ve atın. Soğumaya bırakın, ardından tatlı çayı yarım galonluk bir kaba aktarın. Viskiyi karıştırın ve 3 güne kadar soğutun.

c) Çivili tatlı çayı buz üzerinde servis edin ve limon dilimleriyle süsleyin.

80.Mimoza Sangria

İÇİNDEKİLER:
- 3 su bardağı (700 ml) meyve suyu
- 3 su bardağı (750 gr) taze meyve (gerekirse dilimlenmiş veya doğranmış)
- ½ bardak (120 ml) meyveli likör (Cointreau, Grand Marnier veya Chambord gibi)
- 1 (750 ml) şişe sek köpüklü şarap, soğutulmuş

TALİMATLAR:

a) Meyve suyunu, meyveyi ve likörü büyük bir kavanozda (veya kavanozdan servis ediliyorsa sürahide) birleştirin ve tatların en az 1 saat birbirine karışmasını sağlayın.

b) Soğutucunuzda yer varsa karışımı kullanıma hazır olana kadar soğuk tutun.

c) Köpüklü şarabı kavanoza (veya sürahiye) ekleyin ve hemen servis yapın.

ç) Alternatif olarak, bardakların yaklaşık üçte birini meyve suyu karışımıyla doldurabilir ve üzerine köpüklü şarap koyabilirsiniz.

81. Açık havada Margarita

İÇİNDEKİLER:
- 3 parça limonata
- 2 ölçü gümüş tekila
- 1 bölüm üçlü saniye
- Jalapeño biberi, ince dilimlenmiş (isteğe bağlı)

TALİMATLAR:

a) Limeade, tekila ve triple sec'i bir bardakta birleştirin ve üzerine buz ekleyin.

b) Margaritanızı biraz sıcak seviyorsanız servis yapmadan önce birkaç dilim jalapeno ekleyin.

82. Paloma

İÇİNDEKİLER:
- 1 kısım gümüş tekila
- 1 kısım greyfurt sodası
- ½ orta boy limon suyu
- Kaşer tuzu

TALİMATLAR:
a) Tekila, greyfurt sodası ve limon suyunu bir bardakta birleştirin.
b) Bir tutam tuz ekleyin, üzerine buz ekleyin ve servis yapın.

83.Doğum Günü Sarsıntısı

İÇİNDEKİLER:
- 2 su bardağı vanilyalı dondurma
- ½ su bardağı süt (istenilen kıvama göre ayarlayın)
- ¼ fincan gökkuşağı serpintileri
- 2 yemek kaşığı kek karışımı tozu (vanilya veya funfetti aroması)
- Üzeri için krem şanti
- Garnitür için ilave sprinkles

TALİMATLAR:
a) Bir karıştırıcıda vanilyalı dondurmayı, sütü, gökkuşağı parçacıklarını ve kek karışımı tozunu birleştirin.
b) Tüm malzemeler iyice birleşene ve çalkalama pürüzsüz ve kremsi hale gelinceye kadar orta hızda karıştırın.
c) Karışım çok koyu ise biraz daha süt ekleyin ve istenilen kıvama gelinceye kadar tekrar karıştırın.
ç) Doğum günü shake'ini servis bardaklarına dökün.
d) Her bardağı bir parça çırpılmış kremayla doldurun.
e) Üstüne ilave serpintilerle süsleyin.
f) Hemen bir pipetle servis yapın ve şenlikli ve tatlı doğum günü içeceğinin tadını çıkarın!

84. Ballı Bourbon Limonata

İÇİNDEKİLER:

- 5 bardak (12 dL) su, bölünmüş
- 1 su bardağı (100 gr) şeker
- 1 su bardağı (240 ml) taze sıkılmış limon suyu
- 1 bardak (240 ml) ballı burbon
- 1 büyük limon, ince dilimlenmiş

TALİMATLAR:

a) 2 bardak (475 ml) su ve şekeri küçük bir tencerede orta ateşte birleştirin. Şeker eriyene kadar karıştırın, ardından ocaktan alın ve basit şurubu oda sıcaklığına soğumaya bırakın.

b) Şurubu, limon suyunu, burbonu ve kalan 3 bardak (725 ml) suyu yarım galonluk bir kaba dökün. Limonlarınızın asitliğine bağlı olarak damak tadınıza göre ayarlayın ve gerekirse daha fazla şeker, limon suyu veya su ekleyin. 1 haftaya kadar soğutun.

c) Ballı burbon limonatayı buz üzerinde servis edin ve limon dilimleriyle süsleyin.

85.Kış Şeker Kamışı Martini

İÇİNDEKİLER:
- 1½ oz meyve votkası
- 1 ons beyaz çikolata likörü
- 1 oz. nane likörü
- 1 oz. nar şurubu
- 2 ons ağır krema
- Ezilmiş baston şekerler (rimming için)
- Baston şekerler (süslemek için)
- Buz küpleri

TALİMATLAR:

a) Bardağı çerçeveleyerek başlayın: Soğutulmuş bir kokteyl bardağı alın ve kenarını suya veya basit şuruba batırın. Daha sonra ıslak kenarı, eşit şekilde kaplanana kadar ezilmiş şeker kamışlarında yuvarlayın. Camı bir kenara koyun.
b) Kokteyl çalkalayıcıyı yarıya kadar buz küpleriyle doldurun.
c) Berry votkasını, beyaz çikolata likörünü, nane likörünü, nar şurubu ve ağır kremayı çalkalayıcıya ekleyin.
ç) Malzemeleri birleştirmek ve soğutmak için karışımı yaklaşık 15-20 saniye kuvvetlice çalkalayın.
d) Kokteyli şeker kamışı çerçeveli bardağa süzün.
e) İçeceği bir şeker kamışı ile süsleyin ve bardağın kenarından sarkmasına izin verin.
f) Şeker Kamışı Kokteyli'ni hemen servis edin ve tadını çıkarın!

86.Narenciye ve Akçaağaç Sıcak Şarap

İÇİNDEKİLER:

- 2 (750 ml) şişe kırmızı şarap
- ½ bardak (120 ml) akçaağaç şurubu
- 1 çay kaşığı kişniş tohumu
- 2 (3 inç/8 cm) tarçın çubuğu
- 12 adet yenibahar meyvesi
- 2 yıldız anason
- 1 defne yaprağı
- 2 orta boy portakal, çapraz olarak ikiye bölünmüş
- ½ bardak (120 ml) brendi

TALİMATLAR:

a) Şarabı, akçaağaç şurubunu ve tüm baharatları orta ateşteki bir tencereye ekleyin. Portakalların suyunu tencereye alın ve kabuklarını ekleyin.

b) Kaynamaya bırakın, ısıyı en aza indirin ve tatların gelişmesi için en az 30 dakika demleyin.

c) Servis yapmadan önce brendiyi karıştırın ve portakal kabukları ve baharatlardan kaçınarak kupalara koyun.

ç) Baharatlarınızda daha da derin bir lezzet ortaya çıkarmak için, diğer malzemeleri eklemeden önce baharatları tencerede orta-yüksek ateşte kızartın.

87.Yakut Kırmızı Greyfurt Shandy

İÇİNDEKİLER:
- 1 kısım hafif lager veya buğday birası, soğutulmuş
- 1 kısım yakut kırmızısı greyfurt suyu, soğutulmuş

TALİMATLAR:
a) Birayı bir bardağa dökün, ardından üzerine meyve suyu ekleyin.
b) KARIŞTIRIN
c) Portakal suyu, nar suyu, mango nektarı, armut nektarı, elma şarabı, limonata veya POG'un (tutku meyvesi, portakal, guava) Hawaii karışımı gibi kendi imzanızı taşıyan shandy'nizi oluşturmak için çeşitli meyve suları ve nektarları deneyin .

88.Zencefil ve Şeftali ile Yaz Ale Sangria

İÇİNDEKİLER:
- Bir avuç taze fesleğen yaprağı
- 2 orta boy şeftali, çekirdekleri çıkarılmış ve ince dilimlenmiş
- 2 (12 ons/350 ml) şişe yaz birası, soğutulmuş
- 1 bardak (240 ml) zencefil birası, soğutulmuş
- 1 bardak (240 ml) şeftali nektarı, soğutulmuş

TALİMATLAR:

a) Bir tencerede fesleğeni ve şeftalilerin yarısını karıştırın. Kalan şeftalileri ve birayı, zencefil birasını ve şeftali nektarını ekleyin ve birleştirmek için karıştırın. Derhal servis yapın.

b) seyahat etmiyorsanız, sangria'yı daha uzun süre soğuk tutmak için taze şeftali yerine dilimlenmiş dondurulmuş şeftali kullanabilirsiniz.

89.Vanilya ve Bourbon Sıcak Elma Şarabı

İÇİNDEKİLER:
- 1 litre (1 L) elma şarabı
- 2 (3 inç/8 cm) tarçın çubuğu
- 4 kakule kabuğu, bıçağın yan tarafıyla ezilmiş
- 4 karanfil
- ¼ çay kaşığı kişniş tohumu
- ½ vanilya çekirdeği, bölünmüş
- ½ bardak (120 ml) burbon

TALİMATLAR:

a) Elma şarabını ve tüm baharatları orta ateşte küçük bir tencereye ekleyin.

b) Kaynamaya bırakın, ısıyı en aza indirin ve tatların gelişmesi için en az 30 dakika demleyin.

c) Servis yapmadan önce burbonu karıştırın ve baharatlardan kaçınarak kupalara koyun.

90.Margarita

İÇİNDEKİLER:
- Tekila
- misket limonu suyu
- üçlü Sn
- rimming için tuz veya şeker
- garnitür için limon dilimi

TALİMATLAR:
a) Bir bardağı tuz veya şekerle çerçeveleyin.
b) Tekila, limon suyu ve üçlü saniyeyi buzla birlikte bir kokteyl çalkalayıcıda çalkalayın.
c) Buzun üzerinde bardağa süzün ve limon dilimleriyle süsleyin.

91.Mojito

İÇİNDEKİLER:
- Beyaz Rom
- taze nane yaprakları
- misket limonu suyu
- basit şurup
- soda
- garnitür için misket limonu dilimi ve/veya nane sapı

TALİMATLAR:
a) Nane yapraklarını, limon suyunu ve basit şurubu bir bardakta karıştırın.
b) Rom ve buz ekleyin ve üstüne soda suyu ekleyin.
c) Yavaşça karıştırın ve limon dilimi ve/veya nane sapıyla süsleyin.

92.Kozmopolitan

İÇİNDEKİLER:
- Votka
- Kızılcık suyu
- misket limonu suyu
- üçlü Sn
- garnitür için limon bükümü veya kızılcık

TALİMATLAR:
a) limon suyunu ve üçlü saniyeyi buzla birlikte bir kokteyl çalkalayıcıda çalkalayın.
b) Soğutulmuş bir martini bardağına süzün ve limon veya kızılcıkla süsleyin.

93.Negroni

İÇİNDEKİLER:
- Cin
- Campari
- tatlı Vermut
- garnitür için turuncu büküm

TALİMATLAR:
a) Bir karıştırma bardağında cin, Campari ve tatlı vermutu buzla karıştırın.
b) Buzla dolu bir kaya bardağına süzün ve turuncu bir dokunuşla süsleyin.

94.Moskova Katırı

İÇİNDEKİLER:
- Votka
- zencefil birası
- misket limonu suyu
- garnitür için limon dilimi

TALİMATLAR:
a) Buzla dolu bakır bir bardağa veya bardağa limon suyunu sıkın.
b) Votka ve zencefil birasını ekleyin ve hafifçe karıştırın.
c) Kireç kaması ile süsleyin.

95.Fransızca 75

İÇİNDEKİLER:
- Cin
- limon suyu
- basit şurup
- Şampanya
- garnitür için limon bükümü

TALİMATLAR:

a) Cin, limon suyu ve basit şurubu buzla birlikte bir kokteyl çalkalayıcıda çalkalayın.

b) Bir şampanya kadehine süzün, üstüne şampanya ekleyin ve limonla süsleyin.

96. Espresso Martini

İÇİNDEKİLER:
- Votka
- Kahve likörü
- Espresso
- basit şurup
- süslemek için kahve çekirdekleri

TALİMATLAR:
a) Votka, kahve likörü, espresso ve basit şurubu buzla birlikte bir kokteyl çalkalayıcıda çalkalayın.
b) Martini bardağına süzün ve kahve çekirdekleriyle süsleyin.

97.Mavi Martini

İÇİNDEKİLER:
- 2 ons votka
- 1 oz mavi curaçao
- ½ ons taze sıkılmış limon suyu
- Buz küpleri
- Limon bükümü veya yaban mersini (garnitür için)

TALİMATLAR:
a) Kokteyl çalkalayıcıyı yarıya kadar buz küpleriyle doldurun.
b) Çalkalayıcıya votka, mavi curaçao ve taze sıkılmış limon suyu ekleyin.
c) Malzemelerin soğuması için karışımı yaklaşık 15-20 saniye kuvvetlice çalkalayın.
ç) Kokteyli soğutulmuş bir martini bardağına süzün.
d) Blue Martini'yi limonlu bir dokunuşla veya bir kokteyl seçiminde birkaç yaban mersini ile süsleyin.
e) Blue Martini'yi hemen servis edin ve tadını çıkarın!

98.Meyveli smoothies

İÇİNDEKİLER:
- Çeşitli meyveler (örneğin muz, çilek, mango)
- Yoğurt veya süt
- Bal veya tatlandırıcı (isteğe bağlı)
- Buz küpleri

TALİMATLAR:
a) Meyveleri yıkayıp küçük parçalar halinde kesin.
b) Meyveleri bir karıştırıcıya yerleştirin.
c) Yoğurt veya süt, bal veya tatlandırıcı (istenirse) ve bir avuç buz küpü ekleyin.
ç) Pürüzsüz ve kremsi olana kadar karıştırın.
d) Bardaklara dökün ve hemen servis yapın.

99. Bakire Piña Colada

İÇİNDEKİLER:
- 2 ons ananas suyu
- 2 ons hindistan cevizi kreması
- 1 bardak kırılmış buz
- Garnitür için ananas dilimi ve maraschino kirazı

TALİMATLAR:
a) Ananas suyunu, hindistancevizi kremasını ve kırılmış buzu bir karıştırıcıya ekleyin.
b) Pürüzsüz olana kadar karıştır.
c) Bir bardağa dökün ve ananas dilimi ve kiraz likörü kirazıyla süsleyin.

100.Meyve Demlenmiş Su

İÇİNDEKİLER:
- Çeşitli meyveler (dilimlenmiş limon, limon, portakal, çilek veya salatalık gibi)
- su
- Buz küpleri

TALİMATLAR:
a) Bir sürahiye veya büyük bir kavanoza dilediğiniz meyveleri ekleyin.
b) Kabı suyla doldurun.
c) Buz küpleri ekleyin.
ç) Birleştirmek için yavaşça karıştırın.
d) Tatların demlenmesi için suyun yaklaşık 30 dakika beklemesine izin verin.
e) Havuz partiniz için serinletici ve nemlendirici bir içecek olarak soğutulmuş olarak servis yapın.

ÇÖZÜM

Basit açık hava ziyafetlerinin büyüsüyle yolculuğumuzu tamamlarken, umarım açık havada yemek yemenin keyfini kucaklamak ve sevdiklerinizle unutulmaz anlar yaratmak için ilham alırsınız. "BASİT DIŞ MEKAN ZİYAFETLERİNİN BÜYÜSÜ" , yemeğin insanları bir araya getirme ve sıradanlığı olağanüstülüğe yükseltme gücüne sahip olduğu inancıyla tasarlandı .

Açık havada yemek yemenin güzelliğini keşfetmeye devam ederken, açık havada yemek pişirmenin özünün yalnızca yemeğin lezzetinde değil, aynı zamanda kurulan bağlantılarda ve masa etrafında paylaşılan anılarda da yattığını unutmayın. İster şenlikli bir barbekü için toplanıyor olun , ister sakin bir pikniğin keyfini çıkarın, ister sıradan bir yemek yerken doğanın güzelliğini takdir edin, her lokmanın tadını çıkarın ve her anın kıymetini bilin.

Bu mutfak macerasında bana katıldığınız için teşekkür ederim. Açık hava ziyafetleriniz kahkaha, sevgi ve basit zevklerin büyüsüyle dolu olsun . Tekrar buluşana kadar, mutlu yemek pişirme ve afiyet olsun!

www.ingramcontent.com/pod-product-compliance
Lightning Source LLC
LaVergne TN
LVHW021702060526
838200LV00050B/2463